AF533590

Politische Körper

Fröhliche Wissenschaft 206

Jule Govrin

Politische Körper

Von Sorge und Solidarität

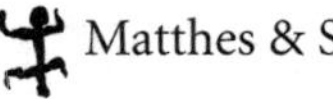
Matthes & Seitz Berlin

Inhalt

Vorwort

Die Pandemie eröffnet einen neuen Kreislauf an Körperbildern, die verstören. In Schlachthäusern schuftende Körper, die sich in Kälte und Kontakt infizieren. Von Schutzkleidung umhüllte Körper, die isolierte Körper auf Intensivstationen versorgen. Menschen mit Masken – auf den Straßen, in Supermärkten und S-Bahnen. Lastwagen in Bergamo, die Leichen wegbringen. Menschen in langer Schlange vor dem Krankenhaus in Manaus, Sauerstoffflaschen auf dem Arm, für ihre um Atem ringenden Angehörigen. Scharen von Menschen, die aus indischen Städten strömen, arbeitslos in ihre Dörfer wandern. Menschen ohne Obdach, in markierten Parzellen auf einem Parkplatz in den USA, im Hintergrund ein leeres Hotel. Diese Bilder zeugen von Verzweiflung und Vereinzelung, Schutzlosigkeit und Gefährdung. Sorgenlos sind die wenigsten. Die Mehrheit lebt in der Misere. Dennoch ist diese Masse an Körpern, die die Welt bevölkern, von Unterschieden durchzogen, die ins Gewicht fallen. Obwohl ausnahmslos alle Körper vom Virus bedroht werden, macht es im Zweifel einen lebensentscheidenden

Unterschied, ob man unter den Lasten des Lockdowns leidet, während man im warmen Wohnzimmer verweilt, oder der Ansteckungsgefahr ausgesetzt ist, weil man in der Pflege arbeitet oder Pakete austrägt; ob man bloß ein zerklüftetes Zelt oder ein festes Zuhause hat; ob man in diesem Zuhause vereinsamt oder ob es im Miteinander der Körper einengt, ob es Schutz bietet oder der Gewalt aussetzt; ob man der affektiven und körperlichen Sorge bitter bedarf oder ob man bis in die tiefe Erschöpfung hinein Sorge für andere trägt.

Die Raumordnung, die sich in der Coronakrise auftut, macht die vorherrschende Vereinzelung und Verelendung von Körpern sichtbar. Im grellgleißenden Schein der Pandemie treten die alten Ordnungsmuster zutage, die Körper ungleich machen. Zugleich wird in der Pandemie Körperlichkeit in anderen Weisen erfahrbar. Der Virus wirft uns auf unsere geteilte Verwundbarkeit zurück. Die Pandemie zeigt auf, wie sehr unsere Körper voneinander abhängen, sodass die Sorge um sie uns alle angeht. In all seiner Bedrohlichkeit vermittelt der Virus, wie der Schutz der anderen Körper den Schutz des eigenen Körpers bedingt. Verwundbarkeit, so der Ausgangspunkt dieses Buches, lässt sich als Modus einer grundlegenden Gleichheit zwischen Körpern verstehen. Als körperliche Wesen bedürfen wir fortwährend der affektiven und physischen Fürsorge. Diese Bedingung menschlichen Daseins geht uns im pandemischen Leben gründlich unter die Haut: Die Körper der anderen gefährden uns gesundheitlich, wenn sie uns zu nahe rücken – und wir gefährden die anderen. Wir sind dazu angehalten, uns einander vom Leib zu halten. Gleichsam erleben wir unsere Abhängigkeit nicht allein als Gefährdung, wir erleben sie ebenso in der Sehnsucht nach Nähe. Die Pandemie lässt uns auf eindringliche Weise erfahren, wie sehr wir auf andere angewiesen sind, um die Lasten des Alltags zu stemmen, um unsere kranken Körper zu versorgen. Diese Grundbedingung der Sorgebedürftigkeit steht im Widerspruch dazu, wie Körper ungleich gemacht werden. Das verdeutlicht der pandemische Moment ebenfalls, den die Menschheit seit zwei Jahren erlebt: einen Moment, in dem sich nur wenige vor Ansteckung schützen können, in dem Sorgearbeit noch stärker denen aufgeladen wird, die sie ohnehin zu großen Teilen tragen, in dem private Profitinteressen globalen Gesundheitsschutz verhindern. Diejenigen, die ihr Leben bereits unter prekären Bedingungen bestreiten, werden in der pandemischen Lage am stärksten belastet. Diese zugespitzte Situation macht sichtbar, dass Verwundbarkeit sowohl mit Gleichheit als auch mit Ungleichheit zusammenhängt. Verwundbarkeit scheint allen Körpern eigen zu sein – in dieser Allgemeinheit zeigen sich Anzeichen von Gleichheit. Als Grundbedingung von Verkörperung verstanden, deutet Verwundbarkeit auf eine Idee von Gleichheit hin, die aus der Verbundenheit ebenjener Körper herrührt. Doch Verwundbarkeit besteht ebenso im Besonderen – in der konkreten, körperlichen Erfahrung, verwundbar zu sein und verwundet zu werden. Diese erlebte, erlittene Verwundbarkeit ist ungleich verteilt. Wie lässt sich Verwundbarkeit als Gleichheit denken, ohne zu verschleiern, in welch ungleichem Ausmaße Körper unterschiedlich verwundbar gemacht und verwundet werden? Welche widerständigen Praktiken, welche solidarischen Gefüge wenden sich gegen diese ungleiche Verteilung von Verwundbarkeit? Wo und wie äußern sich Anzeichen eines Universalismus von unten, der von den Körpern ausgeht?

Diesen federführenden Fragen folgend, widmet sich das erste Kapitel den Genealogien politischer Körper, die bis in die Gegenwart geleiten. Das zweite Kapitel geht dem Gedanken einer Gleichheit zwischen Körpern nach. Das dritte Kapitel untersucht die Ungleichmachung von Körpern in Zeiten der Pandemie. Das vierte Kapitel begibt sich schließlich auf die Suche nach Spuren eines Universalismus von unten.

1. Produktive Körper

Die Pandemie stößt uns darauf, dass Körper zutiefst politisch sind. Sie bilden nicht bloß Instrument und Zielobjekt von Politik, ihnen wohnt eine eigene Form des Politischen inne. Zunächst dienen Körper als Metaphern der Macht. Die Geschichte ist reich an Bildbeispielen, angefangen bei den königlichen Körpern, welche gegenüber ihren Untertanen räumlich höhergestellt wurden, um diese vom Thron aus zu überragen. Darin zeigt sich eine erste Dimension der politischen Körper: die Dimension der Repräsentation. Körpermetaphern der Macht beschränken sich nicht auf königliche Körper, auch moderne Politiker:innen setzen ihre Körper als Zeichen der Autorität in Szene. Erinnert sei an die aufmerksamkeitsheischenden Aufnahmen von Wladimir Putin, mit entblößtem Oberkörper auf dem Rücken eines Pferdes. Solch eine Selbstdarstellung soll militärische Härte demonstrieren, eine Härte, die zumindest bei Putin keine reine Pose bleibt, sondern sich in der Brutalität des Angriffskriegs auf die Ukraine zeigt. Das Beispiel seines Selbstbildnisses als berittener Krieger bezeugt, wie Vorstellungen von politischer Souveränität mit Vorstellungen von Maskulinität verbunden sind. Demgegenüber stechen Körper hervor, die nicht den traditionellen Vorstellungen von Macht entsprechen, nicht mit ihren Insignien ausgestattet sind.[1] Nimmt man das Beispiel von Angela Merkel, tritt eine andere, vor ihrem Amtsantritt unbekannte Verkörperung von Autorität zutage. Gerade weil Merkel nicht althergebrachten Assoziationen von Autorität entspricht, wurde ihr Körper als solcher in zahlreichen Schlagzeilen kommentiert. »Wieviel Dekolleté darf eine Kanzlerin zeigen?«, fragt die *Welt* 2008.[2] 2015 bezeichnet sie dagegen der Cicero als »Dame ohne Unterleib«.[3] Mal bemängelte man sie wegen zu viel, mal wegen zu wenig Weiblichkeit. Ob nun die Medien einen Weiblichkeitsüberschuss oder -mangel monieren, sie behandeln Merkels Körper besonders, weil er nicht den maskulinen Normen politischer Autorität entspricht. Ihr Körper wird exponiert, im Gegensatz zu den altbekannten, anzugtragenden Körpern von Merkels männlichen Kollegen, deren Körperlichkeit unkommentiert bleibt. Darin deutet sich an, dass Körper durch soziale, symbolische Einschreibungen ungleich gemacht werden.

Dies führt unmittelbar zur zweiten Dimension der politischen Körper: die Dimension der Ungleichmachung. Sie entfaltet sich in den symbolischen Einschreibungen von Differenz, die wiederum die materiellen Bedingungen beeinflussen, unter denen Menschen leben. Diejenigen, die dem Traditionsbild von Macht und Autorität entsprechen – die Päpste und Bischöfe, die Könige und Fürsten, die Politiker und Präsidenten –, sind zwar in ihren Körpern allgegenwärtig, derweilen werden sie nicht auf diese reduziert. Vielmehr spricht man ihnen Charisma, Stärke und Klugheit zu. Dagegen werden andere auf ihre Körper beschränkt, man spricht ihnen die Befähigung ab, Vernunft und politische Autorität zu verkörpern, wofür man auf vermeintliche körperliche Besonderheiten verweist. So besagt ein langlebiges Vorurteil, Frauen seien von Natur aus zu nervenschwach und emotional für das harte Geschäft der Politik. Dahingegen werden Schwarze Männer oft noch auf ein rassistisches Klischeebild aggressiver, animalischer Maskulinität beschränkt, das ihnen Vernunftvermögen abspricht. Auch wenn diese Zuschreibungen verschiedentlich verfahren, wird eines deutlich: Aufgrund der Differenzen, die in Körper eingeschrieben werden, wird die Anerkennung als politisches Subjekt gewährt oder verweigert. Das bezeugen Geschichten der Geschlechterpolitiken und der rassistischen Gesetzgebungen, Formen der Ungleichmachung von Körpern, die bis in die Gegenwart fortbestehen.

Diese Ordnung der Ungleichheit ist eng mit der dritten Dimension der politischen Körper verbunden: die Dimension der Produktivkraft. Ökonomie bildet, bündig gefasst, eine Organisation von Körpern durch Körper. Politik zielt darauf ab, Körper so zu regieren, dass deren Arbeitskraft eingespannt und eingeplant werden kann. Michel Foucault bezeichnet diese Regierung von Körpern als Biopolitik.[4] Sie greift tief in die Empfindungen von Einzelnen ein. Wenn die Familienpolitik eine höhere Geburtenrate fordert und steuerliche Anreize setzt, damit Besserverdienende Nachwuchs bekommen, wirkt die Politik feinstofflich auf das Leben von Individuen ein. Obwohl sie auf den Gesamtkörper der Gesellschaft abzielt, gelingt es der Biopolitik, das subjektive Erleben zu beeinflussen, den Bezug zu sich selbst und zum eigenen Körper.

Dadurch scheint die vierte Dimension der politischen Körper auf: die Dimension der Affekte. Unser persönliches Empfinden, unsere affektiven Wahrnehmungsweisen und körperlichen Handlungsmuster sind unauflöslich in herrschende Vorstellungen eingebunden. Sie bringen diese hervor und werden von ihnen hervorgebracht. Hierbei spielen die Dimensionen der Repräsentation und Ungleichmachung hinein: Körper, die von Differenzen markiert sind, bewegen sich anders in sozialen Räumen, als es Körper tun, die den Normen entsprechen. Während sich die einen beständig bedroht fühlen müssen, können sich andere in aller Selbstverständlichkeit bewegen. Erfahrungen der Bedrohung und Selbstverständlichkeit sind ungleich verteilt. Allein dieser Umstand verweist darauf, wie eng soziale und politische Ordnungen mit Affekten und Körpern verbunden sind. Das Dasein von Menschen, ihr unweigerlich soziales Sein, entfaltet sich inmitten affektiver Dynamiken, die niemals rein privat oder individuell sind, weil sie sich stets innerhalb dieser Ordnungen abspielen.[5] Anders ausgedrückt: Affekte äußern sich körperlich und sie sind politisch.

Diese beiläufigen Beispiele beleuchten die vier Dimensionen von politischen Körpern: Repräsentation, Ungleichmachung, Produktivkraft und Affekte. Sie bieten Orientierungshilfen, um das weitverzweigte Verhältnis von Körpern und Politik zu verstehen. Das Nahverhältnis von Physischem und Politischem lässt sich außerdem besser begreifen, wenn man aus der Gegenwart hinaustritt und durch ihre Geschichten streift. Politische Ideengeschichte und die Geschichten politischer Körper sind ineinander verflochten. Bei aller Beständigkeit verändern sich die Vorstellungswelten des Politischen unaufhaltsam, genauso wie sich die Wahrnehmungsweisen des Körperlichen wandeln. Körperlichkeit wird geschichtlich bedingt gelebt. Wie wir unseren Körper empfinden, ist von den materiellen Verhältnissen genauso wie von den Wissensregimen der jeweiligen Zeit bestimmt. Besonders medizinisches Wissen beeinflusst die körperliche Wahrnehmung, die sich mit den Wissensdiskursen weiterentwickelt. In der Medizingeschichte nahm man lange an, Organe würden wandern, und glaubte, die Gesundheit sei von Körpersäften bestimmt – Vorstellungen, die uns heutzutage abstrus anmuten, damals allerdings die leibliche Selbstwahrnehmung der Patient:innen prägten.[6] Genauso schreiben sich politische Körperbilder in die physischen und affektiven Wahrnehmungsmuster ein. Sie disziplinieren uns und spornen uns zur Selbstkontrolle an. In subtilen Spielweisen vermitteln sie uns soziale Normen, die wir verinnerlichen. Somit prägen sie, welche Körper wir als fremd und feindlich empfinden und welchen Körpern wir uns nah fühlen. So schreibt sich die Ungleichheit in unsere Selbst- und Weltwahrnehmung ein.

Es scheint so, als hätten sich soziale Hierarchien und politische Herrschaftsverhältnisse derart hinterlistig und hartnäckig in unseren Körpern eingenistet, dass jeglicher Ausweg versperrt ist. Doch durch die Geschichten der niedergerungenen und unterworfenen Körper ziehen sich auch Geschichten der Sorge und Solidarität, des Aufbegehrens und der Aufstände. In ihnen zeigt sich Gleichheit nicht allein als Ideal, sondern als praktisches Bestreben, Körper egalitär zu behandeln. Diese Widerstandsgeschichten und Wandlungsmomente werfen die Frage auf, wie solche egalitären Körperpraktiken entstehen. Gesucht wird kein fernes Ideal, sondern solidarisch gelebte Gleichheit in der Gegenwart. Solidarische Praktiken setzen bei den bestehenden Verhältnissen an, die Körper ungleich machen. Um Gleichheit zwischen Körpern zu begreifen, muss man also bei ihrer Ungleichmachung beginnen. Dazu dient dieses Kapitel, das eine Genealogie politischer Körper skizziert. Beim Streifzug durch die politischen Körpergeschichten stehen vier Wegetappen an: erstens die Körpermetaphern der *body politic,* zweitens Aufklärungsideen des Körpers als Privateigentum, drittens Biopolitiken und das Kräftespiel der Körper und viertens Verkörperungen von Herrschaft und Wissen. Die *body politic* beschreibt, wie Körper als Machtmetaphern dienen. Nachdem die *body politic* das politische Denken im Mittelalter beherrscht, kommt im frühaufklärerischen Denken des 17. Jahrhunderts die Idee des Körpers als Privateigentum auf. Im 18. Jahrhundert bildet sich eine Regierung von Körpern heraus, die das körperliche Kräftespiel kapitalistisch kalkuliert. Fortan stehen die Zeiten im Zeichen der produktiven Körper.

body politic: Körpermetaphern der Macht

Der Körper ist buchstäblich die naheliegendste Metapher, um menschliches Miteinander zu symbolisieren. So verschieden Menschen voneinander sind, sind sie doch alle verkörperte Wesen. Ihre Wahrnehmung der Welt und ihr Denken entwickeln sich von ihrem Körper aus. Schon die Unterscheidung von oben und unten, den beiden Richtungen von Herrschaft und Unterwerfung, rühren von unserer körperlichen Orientierung als aufrechtgehende Wesen in der Welt her. Deshalb ist wenig verwunderlich, dass Körpermetaphern scharenweise die politischen Vorstellungswelten bevölkern. Das Oberhaupt. Der Staatskörper. Der Gesellschaftskörper. Der Volkskörper. Die Körperschaft. Das Organigramm. Die Organisation. Die altbekannten Begriffe des politischen Lebens leiten sich aus dem Körperlichen ab. Dass die angeführten Begriffe vorrangig zum Vokabular der europäischen Moderne gehören, sollte nicht darüber hinwegtäuschen, dass Körper quer durch die Geschichte und Kulturen als Metaphern für politische Gemeinschaften dienen, für Herrschaft und Souveränität sowie ihre Ordnungssysteme, die in »Kategorien des Körperlichen ausgedrückt, gedeutet und legitimiert« werden.[7] Die »Politik hat sich schon immer des Körpers als dem Medium ihrer Repräsentation bemächtigt«,[8] halten Paula

Diehl und Gertrud Koch fest. Ein berühmtes Beispiel bietet die *body politic* als Körpermetapher für die politische Einheit einer Gemeinschaft und ihrer Ordnung.[9] Der Souverän wird meist durch den Kopf symbolisiert, als sprichwörtliches Oberhaupt, das die Körperglieder dirigiert. Bisweilen dienen auch Herz oder Bauch als Machtzentren des Körpers, die als symbolischer Sitz der Autorität ausgemacht werden. Eines der ältesten Beispiele bildet eine Fabel des Äsop aus dem 6. Jahrhundert vor der christlichen Zeitrechnung, die die Gemeinschaftsordnung als bauchregierte Körpereinheit beschreibt.[10] Auch in der Philosophie der griechischen Antike findet der Körper seinen Platz im politischen Denken. Platon und Aristoteles vergleichen das Wohlergehen von Staat und Gemeinschaft mit dem Gesundheitszustand eines Körpers, dessen Glieder und Organe die Ordnung der Polis widerspiegeln.[11] In Platons Metaphysik erscheint der gesamte Kosmos als Universalkörper, der alle Einzelkörper vereint.[12] In der stoischen Philosophie im ersten Jahrhundert der christlichen Zeitrechnung führen Cicero und Seneca die Metapher des Körpers als kosmologisches Organisationsmodell fort.[13] Bemerkenswert ist die Rolle des Atems, des πνεῦμα oder Pneuma. Der Atem wird als Atemseele aufgefasst, die Körper erschafft und ergreift, ein Gedanke, der auf Aristoteles zurückgeht.[14] Der Atem, der alle vereint und verbindet, ist universell, er erschafft Gleichheit zwischen den Einzelkörpern. Trotz dieses egalitären Einschlags ist in der Idee des Kosmos Ungleichheit angelegt, sind doch die Einzelkörper in festen, sozialen Stellungen geordnet.[15]

In der christlichen Geistesgeschichte weht die Idee des Pneumas als Atemseele in die Vorstellung des Heiligen Geistes hinein, der sich als sakraler Atem Gottes bewegt.[16] Göttlichkeit nimmt eine dreifaltige Form von Körperlichkeit an, eben als Atemseele des Heiligen Geists, aber auch als unsterbliche Gottesgestalt des Vaters und als dessen sterblicher Gottessohn. Dieses magische Denken bringt die Figur des Doppelkörpers hervor, der sich in einen symbolischen und einen leiblichen Anteil aufspaltet. Erstmals findet sich diese Figur in den Schriften des Apostels Paulus, der als Begründer der christlichen Kirche bekannt wird. Als sterblicher Spross eines heiligen Vaters gilt Jesus den frühen Christ:innen als menschlich und verwundbar und gleichsam als göttlich und unsterblich. Diese frühchristliche Sichtweise spricht Jesus zu, neben seinem menschlichen Körper einen symbolischen Körper zu besitzen. Der Apostel verleiht dem Körper Jesu eine sakrale Aura, ohne dass dieser seine Sterblichkeit abstreift. Sein sakraler Körper stiftet die christliche Gemeinschaft. In diesem Bündnis aus Sakralkörper und Glaubensgemeinschaft bildet die

Kirche den symbolischen Körper Jesu, sodass die Gemeinschaft der Gläubigen als Einheitskörper erscheint, dessen Kopf und Oberhaupt Jesus und später sein Stellvertreter, der Papst, ist.[17] Im Laufe der Jahrhunderte überträgt sich die christologische *body politic* auf königliche Körper.[18] In den mittelalterlichen Vorstellungswelten einer »politischen Magie«[19] wird der königliche Doppelkörper zum Sinnbild der Macht. Weil Souveränität heilig sein soll, lädt man den Körper des Königs mit sakraler Symbolkraft auf.[20] Mithin macht die mittelalterliche *body politic* den monarchischen Körper zur machtvollen Metapher, um dessen Gottesgesandtheit und heilige Souveränität zu untermauern. Die Fülle an Beispielen ist berauschend, darunter bisweilen bizarr anmutende Praktiken: Bei Begräbnissen von Königskörpern nahm manchmal eine Effigie den Platz des Königs ein, eine lebensgroße Puppe, meist aus Wachs modelliert, die in die Gewänder des Monarchen gekleidet war.[21] Während man die irdischen Überreste des Königs beerdigte, soll sein symbolischer Körper unsterblich sein, weshalb er nicht mit dem leiblichen Körper verschwinden durfte. In den Bilderwelten des *body politic* zeichnet sich die Dimension der Repräsentation ab, schließlich zielen sie darauf, den Körper des Souveräns bildlich zu überhöhen und seine Macht symbolisch zu betonen. Ferner fungiert der Körper als Metapher für die Gemeinschaftsorganisation, die den einzelnen Gliedern ihre soziale Stellung zuweist. Diese Ordnung soll sich organisch zusammensetzen, gemäß einem Körper in seiner Komposition aus Gliedern und Organen. Der Kopf als Oberhaupt oder das Herz als höhergestelltes Organ zeigen Autorität an, in Entsprechung dazu stellen die tieferliegenden Körperpartien die niederste soziale Stellung dar: die Gruppe des Fußvolks, die in Lehnsherrschaft die Felder bestellten, deren Körper in der Schlacht als buchstäbliche Bauernopfer dienen. In der mittelalterlichen Körpermetaphorik wird Herrschaft folglich zweifach legitimiert: erstens wird die Herrschaft des Königs durch dessen sakralen Körper geheiligt, zweitens wird die feudale Ständeordnung als organische, gottgegebene Gemeinschaft begründet. Nicht zuletzt weist die *body politic* auf die affektiven Wirkungsweisen von Macht hin, auf das Spektakel um den königlichen Körper, dessen symbolische Überhöhung seine Souveränität beschwört. Mit aller Macht soll das Spektakel der Souveränität in die gebeugten Körper, in die Gefühle und Gedanken der Untertanen einsickern. Dabei richtet sich das Schauspiel nicht allein auf das Publikum des Volks. Es erfasst sämtliche Beteiligten, nicht zuletzt den monarchischen Protagonisten selbst. Denkt man jedoch an das Märchen des Kaisers, der keine Kleider trägt, enthüllen sich solche Souveränitätsspektakel als überaus brüchige Bühnenbilder der Macht. Der Kaiser wähnt sich gut gekleidet, indessen schreitet er nackt durch die Straßen. Seine Kleidung ist reines Fantasiewerk, ersonnen von zwei Betrügern, die um die maßlosen Modewünsche des Monarchen wissen. Diese Illusion wird von allen getragen, bis ein Kind auf der Straße, das in der Menge den Schaulauf des Souveräns mitverfolgt, das Offenkundige laut ausspricht: Der Kaiser trägt ja keine Kleider. Das Märchen erzählt davon, wie der Mythos der Macht in sich zusammenfallen kann, allein aufgrund eines laut geäußerten Zweifels.[22]

Die Figur des königlichen Doppelkörpers verschwand mit dem Ende der Monarchien – sinnbildlich gesprochen gipfelte sie 1793 in der Figur des geköpften Königs im Nachspiel der Französischen Revolution. Die Körpermetapher der organischen Einheit von Volk und Staatswesen aber lebt fort, wenn auch in säkularer Gestalt. Im 19. Jahrhundert nahmen die Sprachen des Rechts und der neu entstehenden Sozialwissenschaften die Begriffe der Organisation und des Organismus auf, um staatliche und gesellschaftliche Strukturen und Prozesse zu beschreiben.[23] In diesem und im nachfolgenden 20. Jahrhundert erfuhren diese organischen Ordnungsmetaphern Aufwind durch sozialdarwinistische Diskurse, die Gemeinschaft als schicksals- und naturgegebene Ordnung betrachteten, in der sich aufgrund der ›natürlichen

Auslese‹ das Recht des Stärkeren durchsetze.[24] Der nationalsozialistische Kampfbegriff des Volkskörpers, der durch ›Rassenhygiene‹ rein gehalten werden soll, verdeutlicht, wie stark diese *body politic* im Zeichen von Selektion und Zucht steht:[25] Der Volkskörper muss ›gesund‹ und vital sein – in dem nationalsozialistischen Leitbild zeigen sich bereits seine antisemitischen, ableistischen und rassistischen Züge. Die Vorstellung des Arischen ist von Reinheitsphantasmen geprägt. Diese Reinheit erschien beständig bedroht von inneren und äußeren Feinden des Volkskörpers, also allen, die man als nichtarisch ausmachte, weil sie jüdisch, behindert, homosexuell, Sinti oder Roma, nicht weiß, arm, osteuropäisch waren. In diesen Reinheitsphantasmen kommt die Metapher einer sozialen Immunisierung zum Zuge: Der ›Volkskörper‹ soll sich gegen das Fremde immunisieren.[26] Diese Wendung der *body politic* zum ›Volkskörper‹ verdeutlicht, zu welchen tödlichen Verwerfungen Vorstellungen einer geschlossenen, organischen Gemeinschaft führen können.

Angesichts dessen, dass große Teile der Moderne von dem Modell der Demokratie bestimmt sind, stellen solche autoritären Formen der *body politic* nicht den Regelfall dar. Doch die machtvolle Bildsprache der *body politic* setzt sich auch in Formen fort, die die demokratischen Vorstellungswelten durchdringen. Der Doppelkörper der *body politic* begründet symbolische Ordnungen von höhergestellten, souveränen Körpern und unterworfenen, prekären Körpern. Die souveränen Körper erscheinen als politische Subjekte, die gleichsam entkörpert erscheinen. Wie ist dieses seltsame Entkörpertsein der souveränen Körper zu begreifen? Der Körper des Königs teilte sich in seiner Verdoppelung auf. Im Vordergrund der politischen Bühne steht sein symbolischer Körper, indessen tritt sein leiblicher Körper in den Hintergrund. Schließlich sind seine Souveränität, seine Amtswürde und Autorität im symbolischen Körper geborgen, wodurch die Aufmerksamkeit von seinem leiblichen Körper weggelenkt wird. Diese Dynamik schreibt sich nach dem Sturz der Monarchien in den Körpern der Politiker und Amtsträger fort und reichen bis in die Körperlichkeit des Bürgers hinein. Auch sie werden ein Stück weit physisch entkörpert, sobald ihre symbolische Macht zunimmt. Dergestalt treten sie die Nachfolge des königlichen Doppelkörpers an.[27] Solche symbolischen Körperordnungen bauen darauf auf, dass andere Körper aus den Sphären der Macht ausgegrenzt werden: Frauen, Arme, Kranke, Kolonialisierte, Perverse. Sie bilden die Körpermassen, von denen die neu aufkommende Wirtschaftsordnung des Kapitals zehrt, die sie in nutzbare und nutzlose Körper sortiert. Diese Ungleichmachung begründet sich am Beginn der

Moderne. Ihre Tiefenstrukturen ziehen sich, trotz aller geschichtlichen Wandlungen, bis in die Gegenwart. Als zu Beginn der Aufklärung die Gleichheit aller ausgerufen wurde, entstanden zeitgleich neue Formen der Ungleichmachung, die sich an Körperkategorien ausrichten. Bürgerliche Männer wurden zu politischen Subjekten, sie wurden mit einem symbolischen Überschuss versehen, der sie zu seltsam entkörperten Wesen der Souveränität machte. Dahingegen unterstellte man denen, die man aus der Politik ausschloss, einen Überschuss an Leiblichkeit und Natur: den feminisierten, rassifizierten, perversen, prekären Körpern. Auf Basis der neuen Wissenschaft der Biologie bemühte man sich, sie als naturnahe Geschöpfe zu bestimmen, nicht ausreichend vernunftfähig, um sie als vollwertige politische Subjekte anzuerkennen. Diese Ungleichmachung von Körpern zeichnet sich in den widerspruchreichen Wandlungswegen der *body politic* ab, vom mittelalterlichen Königskörper zum modernen Staatskörper.

Körper als Kraftmaschinen, Körper als Privateigentum

Am Anfang der Ideengeschichte des Kapitals steht die Mär des Körpers als Privateigentum. Diese Idee lässt sich bis ins 17. Jahrhundert zurückverfolgen. Die englischen Aufklärungsphilosophen Thomas Hobbes und John Locke entwarfen in ihren Werken einen Naturzustand, um die natürlichen Anlagen des Menschen auszumachen. Allerdings zeugen die fabulierten Urszenen mehr von Vorannahmen und Vorurteilen ihrer gesellschaftlichen Gegenwart als von der Frühgeschichte der Menschheit. Dadurch treten in ihnen die Denkmuster der entstehenden bürgerlichen Gesellschaft zutage, die zwar allen Körpern gleiches Recht zuspricht, sie aber in eine Ordnung der Ungleichheit zwängt.

Hobbes nimmt an, dass alle Körper an Kraft und Fähigkeit grundsätzlich gleich sind.[28] Im Naturzustand befinden sich diese in Vereinzelung. Sie sind einerseits von Begierden, andererseits von Furcht angetrieben. Da sie in ihrem Streben nach Selbsterhaltung in Konflikt geraten, bekämpfen sie einander. Einer will ein Stück Boden bearbeiten, eine andere es ihm gewaltvoll entreißen. Der Naturzustand ist ein Kriegszustand.[29] Um die Eigentumsverhältnisse zu regeln und die einander bekämpfenden Körper zum friedlichen Zusammenleben zu zwingen, bedarf es eines Souveräns, der die Einzelkörper in einer politischen Ordnung, dem Staatskörper, vereint.[30] Dazu merkt Gundula Ludwig an, dass Hobbes aus der Verwundbarkeit der Körper auf »die Notwendigkeit der Unterwerfung unter den Souverän« schließt.

Damit begründet er eine »Argumentationslinie, die bis in die Gegenwart das Verständnis von politischer Ordnung prägt«, denn für Hobbes liegt das Bestreben des Souveräns, des Leviathans, darin, »Sicherheit und Schutz der Körper zu gewährleisten«.[31] Er leitet also »aus der Vulnerabilität der ›leiblichen Körper‹ die Notwendigkeit der Unterwerfung unter den Souverän ab«.[32] Zwar wird Hobbes der prinzipiellen Verwundbarkeit gewahr, die alle Körper teilen, doch er sieht darin bloß die Bedrohlichkeit, die sie füreinander bergen. Aus der Verwundbarkeit der materiellen Körper erwächst für ihn die Notwendigkeit, sich der Souveränität unterzuordnen und die eigenen Rechte an diese zu delegieren.[33] Der symbolische Körper des Leviathans steht als *body politic* für die imaginäre Einheit des Staats ein. Die Körper, die sich ihm unterwerfen, schulden ihm unbedingten Gehorsam, sonst droht der erneute Ausbruch des Krieges aller gegen alle. Der Souverän soll das Eigentum der Einzelnen sichern. Anstatt die Abhängigkeit aller zum Anlass zu nehmen, um gegenseitige Sorge und Schutz in die Mitte der Gesellschaft zu stellen, reagiert Hobbes also auf diese grundlegende Verwundbarkeit mit einer Verrechtlichung des Eigentums. Die Menschen sollen sich in den Mauern ihrer Besitztümer einpanzern. Die Antwort auf die Frage, wie sichergestellt werden kann, dass die Menschen sich nicht mehr aus

Gründen der Selbsterhaltung wechselseitig bedrohen, liegt für ihn nicht in einer Gesellschaft, die Subsistenzmittel so verteilt, dass alle genug haben. Stattdessen sollen diejenigen, die über Eigentum verfügen, vor denen geschützt werden, die mittellos sind. Hobbes' Entwurf einer rechtlich geregelten Eigentümergesellschaft verkennt, dass eine solche Gesellschaft Verwundbarkeit nicht verschwinden lässt, sondern ganz im Gegenteil eine ungleiche Verteilung von Verwundbarkeit hervorbringt.

Hobbes ersinnt eine atomistische Gesellschaft. Die Körper selbst sollen im Schutzabstand des Eigentums voneinander vereinzelt werden. Sein mechanistisches Weltbild von Einzelkörpern, die sich im Raum bewegen, aneinanderstoßen und einander hinderlich werden, ist prägend für seine Sicht auf das Soziale als Ansammlung atomisierter Körper. Während Hobbes der Verwundbarkeit mit Vereinzelung begegnet, die durch die Rechtsinstitution des Eigentums gesichert wird, bestimmt Judith Butler Verwundbarkeit als Modus von Körpern, enteignet zu sein.[34] Weil Menschen einander unweigerlich bedürfen, können sie niemals vollends autonom über ihre Körper verfügen. Die soziale Verfasstheit ihrer Körper führt dazu, dass diese stets miteinander verbunden sind und sich nicht wie abgetrenntes Eigentum verwalten lassen. Butlers Beobachtung legt deshalb Formen der Vergesellschaftung nahe, die auf Gemeinwohl anstelle von Privateigentum abzielen und sich an den Bedürfnissen aller ausrichten. Dagegen ist der Weg, den Hobbes einschlägt, wesentlich autoritärer. Er ist außerdem ein Weg der Ungleichmachung. Wie gesehen, geht Hobbes zwar durchaus von der Gleichheit aller Körper aus und räumt ihnen das Recht auf freie Bewegung und Selbsterhaltung ein,[35] doch steht die Gesellschaftsvorstellung, die seinen Betrachtungen zugrunde liegt, im Zeichen des Besitzindividualismus.[36] In ihr hat noch jeder Gegenstand, schreibt Andreas Gehrlach, »eine Art unsichtbare Eigentumsmarkierung, kein Ding existiert ohne Eigentümer«.[37] Diese Eigentumsordnung beschränkt sich aber nicht auf Dinge, sie ergreift die Körper selbst, die in ihrer Kraft aufscheinen, der Kraft zum Arbeiten, die sie warenförmig veräußern. Körper werden zu kleinen Kraftmaschinen, deren Arbeit und Produktivität bemessen wird.

Dieser Zug zeichnet sich noch stärker in John Lockes Schriften ab, einem Vordenker der liberalen Tradition. Bei ihm erscheint der eigene Körper zuvorderst als Eigentum: »[J]eder Mensch [hat] ein Eigentum an seiner eigenen Person. Auf diese hat niemand ein Recht als nur er allein. Die Arbeit seines Körpers und das Werk seiner Hände sind, so können wir sagen, im eigentlichen Sinne sein Eigentum.«[38] Zwar bestätigt auch Locke eine Gleichheit der Körper, die gleiches Recht auf Selbstbestimmung einfordert. Jedoch befördert seine Kopplung von Körper und Eigentum eine Gesellschaft der Ungleichen. Obwohl er allen Menschen die Anlage der Vernunft zuspricht, betrachtet er Besitzlose nicht als vollwertige Rechtssubjekte. Arbeiter:innen gelten ihm als verdorben und unfähig, ein »streng vernunftgemäßes Leben« zu führen.[39] Neben solch einer Unterscheidung zwischen »proletarischen und bürgerlichen Körpern« werden rassifizierte Körper von der Position des privilegierten Eigentümer-Subjekts ferngehalten.[40] Da die Menschen in den Kolonien den Boden nicht gemäß dem europäischen Eigentumsrecht begrenzen, betrachtet Locke ihr Land als brachliegend, weshalb es enteignet werden kann. Mithin legitimiert er Landraub und erklärt die dort lebenden Menschen zu Recht- und Besitzlosen.[41] Er geht also von einer Ungleichheit zwischen besitzenden und besitzlosen Körpern aus und untergräbt dadurch das von ihm selbst gesetzte Gleichheitsprinzip. Die grundlegende Gleichheit, die aus den natürlichen Rechten herrührt, bestand darin, dass niemand über den Körper eines anderen verfügen kann. Sie endet mit der Einführung des Eigentums, das laut Locke eigentlich Gleichheit gewährleisten sollte. Doch »wer kein materielles Eigentum besitzt, verliert das volle Eigentum an seiner eigenen Person, das die Grundlage der natürlichen Rechte war«.[42] Das entspricht der Gesellschaftsform, die sich zu Lockes Zeiten auszubilden begann: Wer über keinen Besitz verfügt, muss die Arbeitskraft seines Körpers verkaufen, wodurch die besitzlosen Körper der Verfügungsgewalt der besitzenden Körper unterstellt werden. Diese Verfügbarmachung verfestigt die Ordnung wiederum, weil sie die einen zu politischen Subjekten macht und den anderen diesen Status verwehrt: Während »weiße, besitzende, ›nichtbehinderte‹ Männer« durch das »Eigentumsverhältnis über ihre Körper zu politischen Bürgern werden«, wird dies denen, die als Andere erachtet werden, abgesprochen, und zwar »aufgrund der Unmöglichkeit eines Selbst-Eigentums am Körper«.[43] Man erkennt sie nicht als politische Subjekte an, wodurch sie unterhalb der Gleichheitsprämisse ungleich gemacht werden. Ihre enteigneten Körper dienen als verfügbare Kraftquellen für Ausbeutung und Profit.

In Hobbes' Schilderung befinden sich Menschen in Furcht voreinander, ihr Misstrauen motiviert sie, einen Gesellschaftsvertrag zu schließen und ihr natürliches Recht auf den Souverän zu übertragen, um sich und ihr Eigentum voreinander zu schützen.[44] Dagegen findet sich bei Jean-Jacques Rousseau eine romantische und friedfertige Fiktion des Naturzustands. Wenn der Mensch für sich ist, fern von den Zwängen der

Gesellschaft, ist er authentisch und glückselig – so die Kernbotschaft Rousseaus. Von Natur aus verhalten sich Menschen nicht feindselig, »weil sie, solange sie in ihrer ursprünglichen Unabhängigkeit leben, untereinander keinerlei Beziehungen haben, die dauerhaft genug sind, um einen Friedens- oder Kriegszustand zu begründen«.[45] Das Menschenbild, das Rousseau umreißt, ist fern davon, Menschen als soziale Wesen zu begreifen. Hingegen scheint der Mensch im Zustand ursprünglicher Unabhängigkeit selbstgenügsam zu sein, niemals die Sorge von anderen zu benötigen und von Krankheit und Schwäche, Kindheit oder Alter gezeichnet zu sein. Bei Rousseau bietet der Naturzustand einen »imaginären Schauplatz«, beobachtet Butler, »auf dem nur ein einziges Individuum präsent ist: selbstgenügsam, ohne Abhängigkeiten, erfüllt von Eigenliebe und ohne Bedürfnis nach anderen«.[46] Obwohl sich Rousseau der Wirtschaftsordnung der bürgerlichen Gesellschaft widersetzte,[47] trug sein malerisches Menschenbild einer ursprünglichen Unabhängigkeit dazu bei, den ökonomischen Menschen zu konturieren. Vorrangig ist die Figur des Homo oeconomicus von utilitaristischen Denkern wie Jeremy Bentham und John Stuart Mills geprägt. Sie reduziert den Menschen auf einen Akteur, der rein rational seine Eigeninteressen verfolgt. In solch einem Sozialszenario treten Menschen ausschließlich in Kontakt und Kooperation, um sich den größtmöglichen Vorteil zu verschaffen, dieses Bild bietet keinen Raum für Sorge oder Solidarität. Die Denkfigur des Homo oeconomicus baut auf dem Bild eines sorgenlosen, selbstgenügsamen Körpers auf – einem Körper, der eng mit Vorstellungen von Maskulinität verbunden ist. Er prägt unser Denken bis in die heutige Zeit hinein. Der neoliberale Entrepreneur verfügt instrumentell über seinen Körper, verwaltet ihn eigenverantwortlich als Körperkapital, verkauft freudig und flexibel seine Arbeitskraft. Was in diesem Mythos des selbstgenügsamen Einzelkörpers unsichtbar bleibt und bleiben muss, ist seine Angewiesenheit auf die Körper, die scharenweise in seinem Schatten arbeiten, um ihn zu versorgen.

Im Kapitalismus, so die Kernannahme, die Philosophen von Hobbes bis Marx vertreten, verfügt der Mensch über seinen Körper, er veräußert seine Arbeitskraft frei, ohne versklavt zu sein. Immerhin stand Karl Marx der politischen Ökonomie des Kapitals ungleich kritischer gegenüber als deren liberale Befürworter Hobbes und Locke. Er kritisierte, dass Menschen durch die Enteignung der Almende, des Lands, das als Gemeingut genutzt worden war, gerade aufgrund der postulierten formalen Gleichheit gezwungen wurden, ihre Arbeitskraft zu verkaufen. Trotz ihrer unterschiedlichen Standpunkte ist den Aufklärungsphilosophen von Hobbes bis Marx eines gemein: Anstatt von der konkreten Versklavung in den Kolonien zu sprechen, stellt für sie Sklaverei eine Metapher dar, auf die sie sich beziehen, um die Prinzipien von Freiheit und Gleichheit hochzuhalten. Die politische und philosophische Schlüsselmetapher der Versklavung schlug Wurzeln, wie Susan Buck-Morss darlegt, »zu genau jener Zeit, als die ökonomische Praxis der Sklaverei – das heißt die systematische und ausgeklügelte kapitalistische Versklavung von Nichteuropäern, die in den Kolonien als Arbeitskräfte eingesetzt wurden – sich ausbreitete«, sodass sie Mitte des 18. Jahrhunderts »die eigentliche Grundlage des westlichen Wirtschaftssystems darstellte«.[48] In diesem »Paradox, der Diskurs der Freiheit auf der einen, die Praxis der Sklaverei auf der anderen Seite«,[49] wird sichtbar, wie unterhalb des Primats der Gleichheit Körper ungleich bewertet und behandelt werden, wie ihnen Freiheit nicht gleichermaßen gewährt wird. Die von Locke eingebrachte, liberale Idee des Eigentums am eigenen Körper kommt in der Kolonialwirtschaft insofern zu sich, als dass die Menschen zu Besitztümern erklärt werden. Dort wird, hält Çiğdem Inan fest, die »Rechtssphäre der Versklavten [...] in der Eigentumssphäre der Kolonialherren aufgehoben und zerstört«.[50] Die europäischen Kolonialmächte profitieren von der Arbeitskraft der Körper der Kolonisierten, die man weniger als Menschen denn als Arbeitsmittel, als Dinge, ansah. Achille Mbembe erläutert, wie der Kapitalismus aus der kolonialen Ausbeutung entstand. Im 17. Jahrhundert wird die Plantage zur protoindustriellen Produktionsstätte, deren Profit aus der todbringenden Ausbeutung erwächst, sie »verwandelt sich schrittweise in eine ökonomische Institution disziplinierenden und strafenden Charakters«.[51] Die Gewaltexzesse waren gesetzlich geregelt, wie im Code Noir, einem Dekret, das 1695 vom französischen König Ludwig XIV. unterzeichnet wurde. Es sollte den »Umgang mit den schwarzen Sklaven in den Kolonien regeln« und wurde erst »1848 endgültig außer Kraft gesetzt«.[52] Der Code Noir war ein Gesetz, das »nicht nur die Sklaverei und damit die Behandlung von Menschen als beweglichen Gütern legalisierte, sondern auch das Brandmarken, Foltern, körperliche Verstümmelung und die Tötung von Sklaven, die sich ihrer unmenschlichen Behandlung widersetzten«.[53]

Vor diesem Hintergrund erscheint der Gleichheitsanspruch der Aufklärung »zweifellos getrübt durch eine Geschichte von Terror und Gewalt«.[54] Man rechtfertigte die Gewalt, die im krassen Kontrast zum aufklärerischen Gleichheitsversprechen steht, im Verweis auf vermeintliche körperliche Ungleichheiten. Im 18. Jahrhundert kamen erste Ansätze der Abstammungslehre auf, die in anthropologischen ›Rassetheorien‹ mündeten.[55]

Im Vordergrund standen monogenetische und polygenetische Ansätze. Der monogenetische Ansatz nahm an, dass alle Menschen den gleichen evolutionären Ursprung teilen. Dies lehnte der polygenetische Ansatz ab, er schloss rassistisch markierte Menschen sukzessive aus der Menschheit aus.[56] Obwohl der monogenetische Ansatz einen humanistischen Anschein hatte, weil er einen geteilten Ursprung der Menschheit annahm, baute er darauf auf, Grade von Menschlichkeit zuzuweisen. Man ging davon aus, die ›Rassen‹ hätten aufgrund von klimatischen Unterschieden niedrigere oder höhere Entwicklungsstadien durchlaufen, wobei man weiße Europäer an die Spitze dieser imaginären Entwicklungsgeschichte setzte.[57] Diesen Ansatz vertrat, neben vielen anderen, Immanuel Kant in seinen anthropologischen Schriften.[58] Nikita Dhawan kommentiert, dass Kant, indem er »Stereotypen und Vorurteile über nicht-europäische Völker und Kulturen aufgriff, [...] eine starke philosophische Rechtfertigung für ein rassistisches Denken« lieferte.[59] Nicht nur die philosophischen, auch die natur- und humanwissenschaftlichen Diskurse im 18. und 19. Jahrhundert strengten sich an, die angebliche Überlegenheit weißer Körper zu belegen.[60] Philipp Sarasin spricht deswegen von starken Differenzen, die in Körper eingeschrieben werden, um ihnen den Anspruch auf Gleichheit und Gleichberechtigung abzuerkennen: »Die ›starke‹ Differenz trennt, mit anderen Worten, nicht den Menschen vom Affen, sondern den Weißen vom Schwarzen.« Während der weiße Körper als höchste Entwicklungsstufe »der Organismen idealisiert wird, dient der schwarze Körper als Brücke zum Tierreich«.[61] Man suchte nach Belegen für eine naturgegebene Unterlegenheit, vermaß die Ausbildung von Schädelknochen oder Nasenformen. Derweilen bezog sich die starke Differenz nicht allein auf äußerliche Merkmale, vielmehr wurden sie als Ausdruck von angeblichen natürlichen Anlagen interpretiert, die tief reichen und sich auf das Vernunftvermögen auswirken sollten. Man brachte also biologistische Argumente in Anschlag, um Ungleichheit zu rechtfertigen.

Die starken Differenzen äußern sich auch in den klassistischen Einteilungen zwischen verdorbenen, proletarischen und vernünftigen, bürgerlichen Körpern, sie verlaufen entlang »der sozialen Hautfarbe« als »Mythos natürlicher Ungleichheit«.[62] Und sie finden sich auch dort, wo man zwischen Körpern unterscheidet, die als normal und gesund gelten, und jenen, die Beschränkungen und Behinderungen haben.[63] Außerdem erregten die ›perversen Körper‹ Aufmerksamkeit. Weil sie nicht den heterosexuellen Rollenvorgaben der bürgerlichen Gesellschaft entsprachen, sollten sie eingesperrt und kontrolliert werden.

Diese sexualmoralische Einteilung von perversen und bürgerlichen Körpern führt zur dritten starken Differenz, die neben klassistischen und rassistischen Differenzen wirkmächtig wird: die vergeschlechtlichte Differenz. Mittelalterliche Körpermodelle gingen von einem Kontinuum von Geschlecht anstelle von zwei strikt getrennten Geschlechtern aus. Man begründete die Ungleichheit der Geschlechter nicht biologisch, sondern berief sich darauf, dass die patriarchale Ordnung gottgegeben sei. Mit der Moderne verbreiten sich biologistische Vorstellungen einer ontologischen, wesensmäßigen Geschlechterdifferenz.[64] Der Ausschluss von Frauen aus der Politik erschien gerechtfertigt, da man sie als das schwache, passive Geschlecht ansah. Während sich die moderne Öffentlichkeit herausbildete, die sich der Vernunft verschreibt und Gleichheit verspricht, wurde die Mehrheit der Menschheit kategorisch von ihr ausgeschlossen. In der Öffentlichkeit dürfen Bürger dem Ideal nach frei miteinander reden und räsonieren. Doch diese Sphäre der Öffentlichkeit blieb wenigen vorbehalten. Durch die Abspaltung des Öffentlichen vom Privaten wurden rigide Geschlechtergrenzen hochgezogen. Man ersann die öffentliche Sphäre im Zeichen universeller Vernunft, wohingegen man die private Sphäre mit Gefühligkeit gleichsetzte, Rationalität auf der einen, Affektivität auf der anderen Seite.[65] Mithin behielt man es den Vätern und Ehemännern vor, die Familie als Oberhaupt in der Öffentlichkeit zu vertreten, wohingegen Frauen im Privaten bleiben sollten. Anfang des 19. Jahrhunderts schränkte man deren Rechte und Teilhabemöglichkeiten sogar noch weiter ein.[66] Öffentliche räsonierende Rede sollte bürgerlichen Männern vorbehalten sein. Solch eine Ansicht vertritt auch Hegel in seinen Betrachtungen der bürgerlichen Gesellschaft: »Stehen Frauen an der Spitze des Staates, so ist der Staat in Gefahr, denn sie handeln nicht nach den Anforderungen der Allgemeinheit, sondern nach zufälliger Neigung und Meinung.«[67] In ähnlichem Zungenschlag befindet Immanuel Kant, besonders Frauen bedürften der Vormünder im Privaten.[68] Und Rousseau wird dafür bekannt, dass er Frauen als weniger vernunftbegabt und authentisch erachtet, da sie zum affektierten Maskenspiel neigen würden.[69] Während Rousseau die angebliche Affektiertheit weiblicher Wesenszüge moniert, gelten Frauen unter seinen Zeitgenossen gemeinhin als »naturnäher und geistferner«.[70] Männlichkeit verbindet man mit Vernunft, Disziplin, Härte und Heroismus. Anstelle der göttlichen Ordnung bilden biologistische Körperbilder Begründungsmuster, man rechtfertigt die geschlechtliche Ungleichheit mit Mitteln und Methoden der Wissenschaft. Infolgedessen »wird der Körper zur Basis einer vermeintlichen Andersartigkeit, wobei dies primär für das weibliche Geschlecht gilt«.[71] Im 19. Jahrhundert führt man »Nervengewebe, Gehirne und Organe« als »Grund für die Minderwertigkeit des Weiblichen« an. Später bilden »Hormone, Gene und Hirnströme die Basis eines Deutungsmusters, das die Unterschiedlichkeit der Geschlechter bis ins 21. Jahrhundert hinein begründen sollte«.[72] Dieser verwissenschaftlichte Blick auf Körper geht damit einher, eine Geschlechterungleichheit zu behaupten, die in Widerspruch zum aufklärerischen Gleichheitsanspruch gerät.

Mit ihrem Ausschluss aus der Öffentlichkeit geht die vergeschlechtlichte Arbeitsteilung einher. Schließlich muss der produktive Körper, das Emblem der neu entstehenden Marktgesellschaft, nach seinem Tageswerk versorgt werden. Somit wurde die Aufgabe der Reproduktion der Arbeitskraft Frauen angelastet.[73] Die Ehefrauen und Töchter der freien Bürger dürfen nicht frei über ihre Körper verfügen, die Arbeit, die sie im Haushalt leisten, wird nicht als solche anerkannt. Erneut wird ersichtlich, wie widersprüchlich das politische Bestreben ist, Körper anhand von vermeintlichen natürlichen Unterschieden zu bemessen und zu bewerten. Die geschlechtliche Arbeitsteilung begründet sich auf der Behauptung von unüberwindbaren biologischen Unterschieden. Man attestiert Frauen mangelnde Körper- und

Geisteskraft und verbannt sie in den Haushalt. Dabei übergeht man, dass Hausarbeit schwere körperliche Arbeit bedeutet. In bessergestellten Haushalten werden die bürgerlichen Ehefrauen dieser Arbeitsaufgaben entbunden. Diese haben Hausangestellte zu verrichten. Den Frauen, die in Küche und Hof schuften, spricht man wiederum die Weiblichkeit ab, weil sie die harte Arbeit angeblich vermännlicht. Darin offenbart sich, wie die starken Differenzen, in diesem Fall klassistische und vergeschlechtlichende Zuschreibungen, ineinanderspielen. Auch die Kolonial- und Geschlechtergeschichten bedingen einander. Maria Lugones bezeichnet deshalb das Geschlechtermodell der Moderne als koloniales Modell. Denn die bürgerlichen Geschlechterrollen entstanden in einem *Double Bind* zu den Menschen in Kolonien.[74] Die weißen, europäischen Geschlechtervorstellungen bildeten sich in innerer Abgrenzung zu rassistischen Phantasmen von animalischen Anderen heraus. Man erklärte die Menschen, die als anders ausgemacht wurden, zu monströsen Körpern, die in sogenannten Völkerschauen wie Tiere vorgeführt wurden, welche in Europa Ende des 19. Jahrhunderts in Mode kamen. Während man weiße bürgerliche Frauen in ihrer Reinheit und Passivität idealisierte, wurden Schwarze und indigene Frauen als hypersexuell dargestellt und auf brutale Weisen sexuell und reproduktiv ausgebeutet. Gleichsam wurde den Menschen in den Kolonien auferlegt, sich an bürgerlichen, christlichen Geschlechterrollen auszurichten. Die kolonialherrschaftlichen Imaginationen des Sexuellen und Geschlechtlichen äußern sich also in rassistischen Denkmustern. Damit stellen die Differenzen von Klasse, Rassismus und Geschlechterverhältnissen keine getrennten Machtachsen dar, vielmehr artikulieren sie sich durcheinander.[75]

Im Lichte der Aufklärung hält man die Gleichheit aller Menschen hoch, in ihrem Schatten weist man Körper in eine rigide Ordnung der Ungleichheit.[76] Im Begründungsmoment der Moderne, als bürgerliche, weiße Männer eine brüderliche Gesellschaft der Gleichen unter Gleichen ersinnen, bringen sie eine »neue, ungewohnt starke Identitätsbehauptung« hervor, hält Philipp Sarasin fest. Frauen werden als »beunruhigend körperlich fremd aus dieser Gleichheit ausgeschlossen«, es entstehen Vorstellungen des Monströsen der »schwarzen Anderen«. Analog dazu werden proletarische Körper als fremdartig, verdorben und »zuweilen gar [als] ›andere Rasse‹ beschrieben«.[77] Man unterstellt denen, die nicht dem Körperideal des weißen, bürgerlichen, heterosexuellen Mannes entsprechen, durch ihre ›natürlichen‹, körperlichen Anlagen weit weniger zum Vernunftgebrauch befähigt zu sein, weshalb man sich weigert, ihnen Rechte zuzugestehen und sie als mündige politische Subjekte anzuerkennen. Gerade bei Kant und Rousseau, den beiden bekannten Vordenkern des Universalismus, fällt diese Selbstwidersprüchlichkeit stark ins Gewicht. Als Gleiche unter Gleichen gelten allein »weiße, heteronormative, nichtbehinderte Männer, die zur ›körperlosen Norm‹ werden konnten«, wohingegen »allen Anderen politische Handlungsfähigkeit gerade aufgrund einer vermeintlichen Minderwertigkeit oder Mangelhaftigkeit ihrer Körper abgesprochen« wird.[78] Diese Ausgrenzungen sind nicht allein epistemischer und philosophischer Art, sie entsprechen auch praktischen Ausbeutungsstrukturen. Besonders deutlich wird die ungleiche Ordnung der Körper im Blick auf die vergeschlechtlichte Arbeitsteilung und den Kolonialismus, beide Kernkomponenten des aufkommenden Kapitalismus. Der Unterbau der bürgerlichen Ordnung der Gleichen wird von den Körpern derer bevölkert, die als Andere gebrandmarkt sind: die Körper, deren Arbeit kolonialwirtschaftlich ausgebeutet wird, die Körper, die sämtliche Haus- und Sorgearbeiten verrichten. Sie sind es, die sich um die körperlichen Bedürfnisse des bürgerlichen Mannes kümmern, der seinerseits den Homo oeconomicus verkörpert. Während die weißen, bürgerlichen, männlichen Körper von der Arbeit der anderen Körper abhängen und in privilegierter Stellung von ihr profitieren, nährt die Aufklärungsphilosophie das maskuline

Ideal des selbstgenügsamen Individuums. So zeigt sich der Mensch in der Illusion des Naturzustands, den Rousseau nacherzählt. Schaut man jedoch auf die konkreten Körperpraktiken der kapitalistischen Produktionsweisen, wird ersichtlich, dass es kaum um den vereinzelten, selbstgenügsamen Körper geht. Stattdessen schöpft die neu entstehende Wirtschaftsweise ihre Produktivität aus dem Zusammenspiel der Körper. Diese Ordnung der enteigneten, ausgeschlossenen, ausgebeuteten Körper, die als Fundament der bürgerlichen Gesellschaft dient, gerät in Widerspruch zu deren Gleichheitsgrundsatz.

Dieser Selbstwiderspruch sollte jedoch nicht dazu verleiten, mit dem Prinzip der Gleichheit zu brechen. Vielmehr gilt es, die Spuren eines Universalismus von unten zu verfolgen, die das Gleichheitsversprechen radikal erweitern. So wies Olympe de Gouges, gemeinsam mit anderen Feminist:innen, Ende des 18. Jahrhunderts darauf hin, dass die Menschenrechte ebenfalls für Frauen gelten.[79] Auch die Freiheitskämpfer:innen der Haitianischen Revolution, die 1791 begann und zum Sturz der französischen Kolonialherrschaft führte, beriefen sich auf den Universalismus und die Erklärung der Menschenrechte von 1789.[80] Die »Universalität blitzt in jenen Momenten auf, in denen sich die Sklaven selbst bewußt wurden, daß ihre Situation vom Standpunkt der Humanität aus nicht länger zu ertragen war«,[81] schreibt Susan Buck-Morss. Sie begreift diese Bewegung als einen Universalismus von unten,[82] wobei sie den Begriff bloß randläufig einbringt. Er zeige sich »an den Bruchstellen historischer Abläufe«, denn »in diesen Momenten der geschichtlichen Diskontinuität verleihen Menschen [...] einer Humanität Ausdruck, die die kulturellen Grenzen überschreitet«.[83] Erst wenn wir uns »mit diesem rohen, freien und verwundbaren Zustand identifizieren, können wir verstehen, was sie uns sagen wollen«.[84] Mithin werden »neue, untergründige Formen der Solidarität« möglich, die »an unser universelles, moralisches Empfinden appellieren, das heute die Quelle des Enthusiasmus und der Hoffnung darstellt«.[85] Während Susan Buck-Morsss nach geschichtlichen Spuren eines Universalismus von unten sucht, geht es im Folgenden darum, dessen Spuren in der Gegenwart zu suchen. Vorerst gilt es aber, die Diskurse und Denkmuster von Gleichheit und Universalismus ausgehend von der Ungleichmachung von Körpern genauer zu verstehen.

Biopolitik und die Produktivkraft der Körper

In der Moderne rückt der Körper als politisches Mittel in den Fokus von Regierungen, mithin bilden sich, wie Michel Foucault festhält, zwei neue

Machtformen heraus: die Disziplinarmacht und die Biomacht. In Zeiten der monarchischen Macht waren die Körper der Untertanen im Hintergrund der politischen Bühne angesiedelt, im Vordergrund stand der Körper des Königs. Doch diese Dimension der Repräsentation wandelt sich in der Moderne. Als sich der Niedergang des Absolutismus abzeichnet, rücken im 17. Jahrhundert die Körper der Untertanen in den Vordergrund. Der Körper wird als »Gegenstand und Zielscheibe der Macht« entdeckt, fortan gilt die »Aufmerksamkeit [...] dem Körper, den man manipuliert, formiert und dressiert, der gehorcht, antwortet, gewandt wird und dessen Kräfte sich mehren«.[86] Die jahrhundertealten Vorgeschichten der modernen Körperdressur finden sich in Klöstern, wo man akribisch alltägliche Abläufe einübt, mit minutiösen Zeittaktungen und Bewegungsabfolgen. Um ihn zum Instrument seiner eigenen Unterwerfung zu machen, wird der Körper kleinteiligen Routinen und peniblen Kontrollen unterzogen. Durch die Wiederholung soll sich die Disziplin derart in die Körper einschreiben, sodass die Subjekte die Appelle affektiv und physisch verinnerlichen und sich schließlich selbst überwachen: Dadurch wirkt die Disziplinarmacht direkt auf die Körper ein, sie soll »die dauerhafte Unterwerfung ihrer Kräfte ermöglichen«.[87] Die klösterlichen Disziplinartechniken übersetzen sich im 17. und 18. Jahrhundert in andere Räume wie »Kasernen, Schulen, Hospitäler, Gefängnisse, Fabriken, Erziehungsanstalten und Familien«.[88] Sie bringen eine Raumordnung hervor, die sämtliche Körper verzeichnet, verwaltet und vereinzelt. Foucault erkennt in dem »frühneuzeitlichen Pest-Reglement«[89] Ende des 17. Jahrhunderts den Prototyp der Disziplinarmacht: »ein rigoroses Parzellieren des Raumes: Schließung der Stadt und des dazugehörigen Territoriums; Verbot des Verlassens unter Androhung des Todes; Tötung aller herumlaufenden Tiere; Aufteilung der Stadt«.[90] Die Menschen müssen sich in ihre Häuser begeben. Die Überwachung der einzelnen Straßen untersteht einem Syndicus, der die Türen von außen verschließt.[91] Für Foucault ist diese Parzellierung des Raumes während der Pest ein groß angelegter Versuch, Körper zu verzeichnen und zu verwalten. Um sie bestmöglich zu kontrollieren, bedarf es ihrer feingliedrigen Anordnung. Anstatt die Masse ins Auge zu fassen, rückt innerhalb der neuen »politischen Anatomie«[92] zunehmend der Körper des Individuums ins Zentrum der Aufmerksamkeit. Um Ansammlungen zu vermeiden, die Aufruhr auslösen könnten, errichten die Disziplinarräume eine Architektur, die Körper in Parzellen einteilen.[93] Besondere Besorgnis bereiten die herumstreuenden Körper der Land- und Besitzlosen, die sich vermehren, nachdem das Gemeingut enteignet wurde und die traditionellen Versorgungsstrukturen verschwanden. Sie gelten als gefährlich, weil sie sich den staatlichen Zwängen und Zugriffen entziehen, weswegen ihre Körper festgesetzt und in die Produktionsabläufe eingespannt werden. Diese »Mikrophysik der Macht«[94] entfaltet eine politische »Ökonomie des Körpers«,[95] die auf dessen Nutzbarmachung abzielt, denn »zu einer ausnutzbaren Kraft wird der Körper nur, wenn er sowohl produktiver wie unterworfener Körper ist«.[96] Dadurch fabriziert die Disziplin »unterworfene und geübte Körper, fügsame und gelehrige Körper«, sie steigert »die Kräfte des Körpers (um die ökonomische Nützlichkeit zu erhöhen) und schwächt diese selben Kräfte (um sie politisch fügsam zu machen)«.[97] Sie entfremdet die Körper von ihrer Arbeitskraft, die als Ware veräußert werden muss. Dabei spaltet die Disziplin »die Macht des Körpers; sie macht daraus einerseits eine ›Fähigkeit‹, eine ›Tauglichkeit‹, die sie zu steigern sucht; und andererseits politisiert sie die Energie, die Mächtigkeit, die daraus resultieren könnte, zu einem Verhältnis strikter Unterwerfung«.[98] Demnach folgt die Disziplin einer Akkumulationslogik, die, wie Marx anmerkt, »mit der Masse des exploitirten Menschenmaterials zugleich die direkte und indirekte Herrschaft« des Kapitals ausdehnt.[99] Im Zusammenspiel ihrer Bewegungsabläufe entwickeln Körper Produktivkraft, zugleich werden sie im Zeichen der Disziplinarmacht räumlich und sozial getrennt angeordnet. Dieses Merkmal der Disziplinarmacht ist entscheidend: Obwohl sie Körper vereinzelt und deren Verbundenheit verschleiert, rührt ihre Wirkungskraft von der Relationalität der Körper her.

Mitte des 18. Jahrhunderts gesellt sich ein weiterer Machttypus zum Regime der Disziplin, der ebenfalls auf die Körper zielt: die Biomacht. Während die Disziplinarmacht Körper einzeln dressiert, ist die Biopolitik auf den Massenkörper ausgerichtet. Dergestalt bilden Disziplinarmacht und Biomacht die Pole, zwischen denen Körper in der Moderne politisch eingespannt sind.[100] In dem Moment, in dem der geköpfte Königskörper von der politischen Bühne verschwindet und der moderne Staat sie betritt, richtet sich der Blick nunmehr auf die Körper der zu Regierenden. Mit der Geburt der Biomacht und ihrem Zielobjekt der Bevölkerung im 18. Jahrhundert ereignet sich eine gewaltige Neuentdeckung. Sie besteht »im Auftreten der ›Bevölkerung‹ als ökonomisches und politisches Problem: die Bevölkerung als Reichtum, die Bevölkerung als Arbeitskraft oder Arbeitsfähigkeit, die Bevölkerung im Gleichgewicht zwischen ihrem eigenen Wachstum und dem ihrer Ressourcen«.[101] Die Regierungen erkennen, dass das Volk nicht einfach eine amorphe Masse an Körpern darstellt. Fragen der Geburtenrate, der

Sterblichkeit und sozialen Gesundheit, der Krankheitsverbreitungen und Lebensverhältnisse rücken in den Fokus und werden zum Gegenstand der Regulationsbemühungen.[102] In den Städten untersucht man die urbanen Lebensbedingungen mitsamt ihren körperlichen Auswirkungen und führt Maßnahmen ein, die den gesellschaftlichen Gesundheitszustand stärken sollen, wie die Verbesserung der Luftqualität, des Abwassersystems oder der Auslagerung von Friedhöfen und Schlachthäusern. Allerdings dienen die Maßnahmen nicht zuvorderst dem Gemeinwohl, in erster Linie sollen sie die Produktivkraft der Bevölkerung erhöhen. Schließlich besteht die Biopolitik in »Prozeduren der Gesamtkostenberechnung des Lebens und der Krankheit im Abendland«.[103] Sie bietet ein breiteres Spektrum an Regierungstechnologien, sie kann »vorschreiben und verbieten, aber auch anregen und anreizen«,[104] regulieren und reglementieren, moralisieren und normalisieren. Die Biomacht kennzeichnet eine Regierung der Körper in ihrem Ensemble als Bevölkerungskörper. Sie besitzt »einen Zugriff auf das ›Leben‹, das Leben der einzelnen wie die Summe der Einzelkörper in der Figur der Bevölkerung«.[105] Der Bevölkerungskörper, den die Biopolitik bemisst und bearbeitet, ist keine bereits bestehende Größe oder naturgegebene Einheit, die man nur auffinden müsste. Stattdessen ist er das Produkt von neuen Wissenspraktiken.

Man beginnt, die Bevölkerung als eine Einheit zu betrachten, deren physische Vorgänge durch statistische Erhebungen nachvollziehbar werden. Mit den entstehenden Methoden der Statistik, mit Tabellen, Wachstumskurven und Diagrammen versucht man die Körper in ihrem Miteinander zu erfassen. Aus diesen Diagrammen und Statistiken tritt dann die Figur des Bevölkerungskörpers hervor, der sich biopolitisch lenken lässt.[106] Diese »Entdeckung einer ›Natur‹ der Bevölkerung (etwa Geburten- und Sterblichkeitsraten, Krankheitsraten etc.)« bildet die »Bedingung der Möglichkeit ihrer gezielten Beeinflussung und Steuerung«.[107] Die Biopolitik verfeinert und verstärkt im 18. Jahrhundert die Wertschöpfungsweise der Körperkräfte. Um die Reproduktion der Arbeitskraft zu gewährleisten, müssen Geburtenrate und Gesundheitszustand kontrollierbar sein. Wenn etwa die Geburtenrate so weit sinkt, dass ein Mangel an Arbeitskraft droht, müssen biopolitische Anreize geschaffen werden, um mehr Nachwuchs zu ermöglichen. Wenn sich der allgemeine Gesundheitszustand derart verschlechtert, dass Arbeitskräfte nicht ausreichend einsetzbar sind, müssen staatliche Maßnahmen gegensteuern, um die ›Volksgesundheit‹ zu verbessern. Man kann hier, mit Marx gesprochen, die nationalökonomische Absicht erahnen, über ausreichend Arbeitskraft zu verfügen und eine »industrielle

Reservearmee«[108] an Arbeitslosen bereitzuhalten, auf welche die Wirtschaft jederzeit zugreifen kann. Die Körper der Arbeitslosen werden zur rohen Masse an verfügbaren Einsatzkräften, gleichsam sorgen sie als industrielle Reserve dafür, dass die Arbeitskraft insgesamt abgewertet wird, weil sie ersetzbar erscheint und sich der Lohn drücken lässt. Kurzum, die Biomacht spannt die Körper in die Produktionsapparate ein. Das ermöglicht die »Abstimmung der Menschenakkumulation mit der Kapitalakkumulation, die Anpassung des Bevölkerungswachstums an die Expansion der Produktivkräfte und die Verteilung des Profits«.[109] Damit bilden die »Besetzung und Bewertung des lebenden Körpers, die Verwaltung und Verteilung seiner Kräfte« die Voraussetzungen für kapitalistische Produktionsverhältnisse.[110] Dabei beschränkt sich die Biomacht nicht auf die gleichverteilte Nutzbarmachung aller Körper, sie führt Verfahren ein, die Körper differenzieren und hierarchisieren. Sie werden in Bewertungsschemata eingelassen, die sie anhand ihrer Produktivität einschätzen und ihnen vergeschlechtlichende und rassifizierende Differenzen einschreiben. Die Inwertsetzung von Körpern spielt sich an der Schnittstelle von Sexualität und Biomacht ab. Um das Produktionspotenzial der Arbeitskraft zu gewährleisten, muss deren Reproduktion gesichert sein. Deshalb muss die Biomacht in die Sexualität und das Begehren der regierten Körper einwirken.[111] An dieser Stelle kommt das Sexualitätsdispositiv ins Spiel, das die »Sexualität der Individuen wie die sich in der Sexualität realisierende Reproduktion« der Gesamtbevölkerung »reguliert, kontrolliert, dokumentiert und verwaltet«.[112] Sexualität fungiert somit als Scharnier zwischen Individuum und Gesellschaft.[113] Die politische »Ökonomie der Bevölkerung« bildet sich an »der Grenze des Biologischen und des Ökonomischen« heraus, erläutert Foucault, dort haben gewisse »Verankerungspunkte für die Rassismen des 19. und 20. Jahrhunderts [...] ihren Ort«.[114] Die Biopolitik als neue Form der Regierung von Körpern geht mit wissenschaftlichen Erneuerungen einher: Statistik und Demografie, Biologie und Epidemiologie.[115] Sie verschaffen der Biomacht neue Zugänge zu Leben, Körper und Natur, besonders befähigt durch die Biologie, die sich gegen 1800 als Wissenschaft vom Leben herausbildet.[116] Die Biologie befördert eine neue Wahrheit über den Körper. Sie macht ihn bemessbar und ist bestrebt, ihn zu verbessern. Dieses Wissensregime ist mit Werturteilen verschränkt, es schreibt Differenzen ein und markiert Körper als andersartig und ungleichwertig. Die wissenschaftliche Behauptung einer Wahrheit des Körpers geht also mit ungleicher Bewertung einher. In der Biopolitik übersetzen sich diese wissenschaftlichen Wertzuweisungen in materielle Maßnahmen der Ungleichmachung.[117] Welche Leben werden gelenkt, wessen Leben wird verelendet? Wessen Leiden wird Aufmerksamkeit zuteil? Wie manifestieren sich machtvolle Unterscheidungen in Körpern, wie beeinflussen sie deren ungleiche Lebensbedingungen?[118]

Die Biopolitik zielt auf die lebenden Körper ab, doch Politik erschöpft sich nicht in der Frage, wessen Leben wie gelenkt wird, sie besteht auch in der Frage, welche Leben dem Sterben überlassen werden. Angesichts der »verwundeten oder massakrierten Körper«,[119] und ihrer »materielle[n] Zerstörung«[120] führt Achille Mbembe den Begriff der Nekropolitik ein, der Foucaults Begriff der Biopolitik entscheidend ergänzt. Im Schatten der schützenden Biopolitik ist eine staatliche Kontrolle von Körpern zugange, welche man mutwillig dem Sterben überlässt. Drastisch zeigt sich das in den Gewaltexzessen der Kolonien und ihren Plantagenökonomien, auf denen die Körper der Versklavten nicht als menschliches Leben anerkannt, sondern im Zeichen des Todes ausgebeutet wurden: »Als Arbeitsmittel hat der Sklave einen Preis. Als Eigentum hat er oder sie einen Wert. Seine oder ihre Arbeit wird benötigt und benutzt.«[121] Der als Besitz gebrandmarkte Körper wird »am Leben gehalten, aber in einem Zustand der Versehrtheit, in einer geisterhaften Welt des Entsetzens sowie außerordentlicher Grausamkeiten und Erniedrigungen«, somit ist das »Sklavenleben […] in vielerlei Hinsicht eine Form von Tod-im-Leben«.[122] Diese Nekropolitiken finden sich in anderen Formen in der globalisierten Welt der Gegenwart, etwa in den Politiken des Sterbenlassens im Mittelmeer und den Lagerzuständen an Europas Grenzen. Während die Biopolitik Körper in subtilen, sanften Formen ungleich macht, beraubt die Nekropolitik Körper mit brutalen, mitunter mörderischen Mitteln ihrer Rechte. Sie werden zu verworfenen Körpern, deren Leben nicht als bedauernswert gelten. Indem Bio- und Nekropolitiken ineinanderwirken, werden Körper in Ökonomien der Verwerfung ungleich gemacht, sie werden strukturell verwundet und versehrt. In ihrem Zusammenspiel zeigt sich die Kapitalismusgeschichte als Geschichte der gekrümmten, erschöpften, ausgelaugten und gemarterten Körper.

Für Foucault steht der Körper »unmittelbar im Feld des Politischen; die Machtverhältnisse legen ihre Hand auf ihn; sie umkleiden ihn, markieren ihn, dressieren ihn, martern ihn, zwingen ihn zu Arbeiten, verpflichten ihn zu Zeremonien, verlangen von ihm Zeichen«.[123] Dieses Zitat fasst die vier Dimensionen politischer Körper zusammen: In der Dimension der Repräsentation sind sie in Zeichen und Zeremonien eingebunden. Sie werden durch die ihnen eingeschriebenen Differenzzeichen unterschieden, hier deutet sich die Dimension der Ungleichmachung an. In ihrer biopolitischen Lenkung und nekropolitischen Verwaltung wird Arbeitskraft abgeschöpft, darin äußert sich die Dimension der Produktivkraft. Die Zeichen, die Körpern eingeschrieben werden, die Identität, die ihnen zugewiesen wird, ihre feinstoffliche Prägung durch den durchdringenden Zugriff der Biomacht durchwirken die Selbstwahrnehmung, das führt zur Dimension der Affekte. Doch wie genau verinnerlichen Körper die Ordnungsrufe der Herrschaft? Wie bewegen sie sich durch Räume der Macht?

Verkörperte Herrschaft und widerspenstiges Wissen

Die Räume, in denen sich unsere Körper bewegen und begegnen, sind von sozialen Ordnungen strukturiert. Schon unser Raumdenken speist sich maßgeblich aus dem Körperlichen. Bereits die *body politic* belegt, dass der Körper die naheliegendste Metapher bietet, um politische Organisation zu imaginieren. Die Orientierungen, die sich aus dem körperlichen Sein erschließen, werden zu Richtungsangaben, die Menschen in Ordnungen einzusortieren.[124] Oben und unten, links und rechts bezeichnen nicht bloß körperliche Orientierungspunkte, sondern soziale Beziehungen und politische Verhältnisse: Oben und unten kennzeichnen Macht und Ohnmacht, Beherrschung und Unterwerfung. Der Körper wird zur Vorlage für das Herrschaftsverhältnis. Links und rechts bedeuten weit mehr als die beiden Ausrichtungen unserer Hände, seit der Aufklärung bezeichnen sie die zwei zentralen politischen Ausrichtungen. Die Unterscheidung entstammt der Einteilung der französischen Nationalversammlung von 1789, in der auf der linken Seite Republikaner und Revolutionsbefürworter und auf der rechten Seite Monarchisten und Konservative saßen.[125] Die physische Raumeinteilung der Nationalversammlung entwickelt sich im Laufe der politischen Ideengeschichte zur symbolischen Unterscheidung in rechte und linke Politiken. In dieser Anekdote prägt sich die physische Struktur, die praktische Sitzordnung, in das Symbolische der Politik ein. Andersherum übertragen sich symbolische Einteilungen in den Raum, in dem sich Körper bewegen. Körpermetaphern wie die *body politic*, die sich in der Dimension der Repräsentation abspielen, dienen dazu, die Dimension der Ungleichmachung zu verstärken. Zugleich arbeiten sie in der Dimension der Affekte. Die symbolischen Ordnungsmuster übertragen sich auf die Anordnung von Körpern in Räumen, die ihrerseits die symbolische Machtaufteilung verstärkt und auf die Wahrnehmung der Anwesenden ausstrahlt. Als verkörperte Wesen sind Menschen, betont Pierre Bourdieu, »immer ortsgebunden und nehmen einen konkreten Platz ein«.[126] Wie sich ein Körper in einem Raum positioniert, ist nicht zufällig, seine Bewegungen folgen stummen Ordnungsrufen. Denn die »architektonischen Räume« senden »stumme Gebote«, die sich »direkt an den Körper wenden«.[127] Ein klassisches Beispiel bietet die höfische Gesellschaft mit ihren Palastarchitekturen. Die monarchischen Mächtigen werden buchstäblich überhöht, indem sie auf einem Thron oder Podest positioniert sind. Solch eine Architektur sendet Signale an all die anderen aus: niedrig gestellt müssen sie zu den Herrschenden aufschauen. Auch wenn die Platzanweisungen heutzutage wesentlich subtiler sind, als sie es in der aristokratischen Rangordnung waren, wirken sich Räume weiterhin auf Körper aus. Allerdings richten sich solche Raumeinteilungen nicht einfach an einem klar erkennbaren Oben und Unten aus. Sie beruhen auch nicht bloß auf äußerlichem Druck, sondern ergeben sich maßgeblich aus dem Selbstverständnis der Beteiligten.

Das unterschwellige Wissen über die eigene Position ist so wirksam, weil es einverleibt wird. Es ist ein Wissen, das sich in die Körper einlagert, ganz wie die Gesten, die wir unwillkürlich von Menschen aus unserem Umfeld übernehmen. Entgegen dem liberalen Mythos der Chancengleichheit entscheidet die globale Geburtslotterie darüber, wo und wie man aufwächst, wie viel Erbe und finanzielle Unterstützung man erhält und ob man mit einer guten Ausbildung und nützlichen Netzwerken ausgestattet wird.[128] Der Wohnort der Kindheit, das Viertel oder das Dorf, in dem man aufwächst, ist biografisch wegweisend, weil das erste Lebensumfeld »die körperlichen Ausdrucksformen oder die Aussprache« prägt.[129] Für den habituellen Horizont an Möglichkeiten macht es einen entscheidenden Unterschied, ob Kinder in einem Haus mit Garten und eigenem Zimmer oder in einer engen Wohnung aufwachsen, ohne Rückzugsmöglichkeiten, ohne Raum zum Spielen und Ruhe zum Lernen.[130] Derweilen schreibt sich das Wissen in den Körper ein, drückt sich in Gesten und Gebaren aus und wird habituell. Welche Geste als vulgär, welche als elegant wahrgenommen wird, hängt davon ab, mit welchen Gesellschaftsschichten sie gemeinhin verbunden wird. Der Geschmack bildet die Grundlage dafür, »was man für die anderen ist, dessen, womit man sich selbst einordnet und von den anderen eingeordnet wird«.[131] Wie Menschen ihren Wohnraum gestalten, welche Kleider sie zu welchen Anlässen auswählen, wie sie ihr Besteck handhaben, welche Freizeitaktivitäten sie bevorzugen – all diese Handlungen drücken ihren Habitus aus. Dieses verkörperte Wissen macht sich unangenehm bemerkbar, wenn man einen Ort betritt, an dem man sich nicht berechtigt fühlt, weil man in anderen Verhältnissen aufgewachsen ist. Wenn zum Beispiel die Wortmeldung beim Universitätsseminar kein Akt der Selbstverständlichkeit ist, wird das Sprechen womöglich mit Herzklopfen und der beklemmenden Angst einhergehen, sich zu verhaspeln. Das Körperwissen wird von den Ordnungsrufen der Umgebung aktiviert. Diese sind »nur für diejenigen vernehmbar […], die über die entsprechende Voreinstellung verfügen«. Dann wirken die Ordnungsrufe wie »die rote Ampel [auf] das Bremsen«: Die »tief eingekerbte, körperliche Disposition« wird in Gang gesetzt, »ohne den Weg über Bewußtsein und Berechnung nehmen zu müssen«.[132] Wer an einer Ampel bremst, tut dies ganz automatisch und unbewusst, es ist das Körperwissen, das diese blitzschnelle Reaktion hervorruft.

Die Ordnungsrufe strukturieren den sozialen Raum. Sie zeigen an, wie sich Körper zu verhalten haben. Somit sind soziale Räume darauf angelegt, die Ordnungen der Ungleichheit aufrechtzuerhalten. Beispielsweise waren die Ausgabeschalter für Lohnschecks in den USA betont niedrig gebaut: Nachdem sie in der Schlange geduldig warten mussten, sollten sich die Arbeiter:innen gefügig herunterbeugen, um ihren Gehaltscheck entgegenzunehmen. Bourdieu spricht daher von einer »Somatisierung von Herrschaft«,[133] einer Verkörperung von Herrschaftsverhältnissen. Während manche Körper biopolitisch umsorgt und von sanften, subtilen Ordnungsrufen gelenkt werden, unterliegen andere brutalen Kontrollen, durch die sie beständig bedrängt, bedroht und in ihrer Bewegungsfreiheit beschränkt werden. Dies betrifft etwa die Polizeistrategie des *racial profiling.*[134] In den USA und andernorts protestiert die *Black Lives Matter*-Bewegung gegen diese rassistischen Kontrollpraktiken. Letztere zeugen von einer langen Geschichte des Bestrebens, Schwarze Körper in ihrer Bewegung zu behindern, die in den USA mit Bürgerpatrouillen zu Zeiten der Versklavung begann und nach deren Abschaffung vom Ku-Klux-Klan weitergeführt wurde.[135] Diese nekropolitischen Kontrollpraktiken von Körpern offenbaren die harten Unterschiede, die darüber entscheiden, welches Leben als schützenswert erachtet wird und welche Körper als gefährlich dargestellt und dadurch gefährdet werden. Bei Protesten in der englischen Hafenstadt Bristol stieß eine Gruppe die Statue eines Sklavenhändlers von ihrem steinernen Sockel, sodass sie in das Hafenbecken stürzte.[136] Es sind »bestimmte Körper«, die man »als übergroße Statue im öffentlichen Raum buchstäblich in Stein«[137] meißelt, merkt Imke Schmincke dazu an. Solch eine Statue materialisiert symbolische Macht im sozialen Raum.

Dennoch versinnbildlicht der kollektive Sturz der Statue, dass die Geschichten von sozialen

Räumen widerständiger sind, als ihre steinernen Manifestationen erahnen lassen. Plätze werden besetzt, Häuser auch. Schlösser werden gestürmt, Paläste auch. Zäune werden eingerissen, Mauern auch. Denn trotz allen machtvollen, gewaltvollen Einschreibungen und Eingrenzungen sind Menschen als verkörperte, affektive Wesen niemals vollends unterworfen. Obwohl sie politische Ordnungsmuster verinnerlichen, vermögen sie, gegen diese aufzubegehren. Dieses Potenzial des Aufbegehrens ist ebenfalls eine Frage der Körperlichkeit, des leisen Zweifels, der sich im Unbehagen äußert, der physischen Widerspenstigkeit, der spontanen Gegenwehr oder plötzlichen Verweigerung des Körpers, der politischen Wut, des Aufstehens, des Auf-die-Straße-Gehens, der solidarischen Umarmungen, der gefühlten Nähe der entfernten Körper im gemeinsamen Aufschrei und in geteilten Erzählungen. Die *body politic* und die Biopolitik beschreiben Körperpolitiken, die darin bestehen, zu teilen und zu herrschen. Doch neben die *body politic* und die Biopolitik gesellt sich eine dritte Form, die feministischen *body politics*. Sie kommen in den 1970er- und 1980er-Jahren auf und betonen das emanzipative Potenzial von Verkörperung. Sie verkehren die Blickrichtung auf politische Körper, weg von ihrer Unterwerfung hin zu ihrem widerspenstigen Wissen. Während *body politic* und Biopolitik den Körper als Herrschaftsmetapher oder als Ausbeutungsinstrument von oben betrachten, bieten die feministischen *body politics* einen Blick von unten auf Körper, indem sie auf deren Eigensinn aufmerksam machen.[138] Diese körperpolitische Perspektive nimmt das vierte Kapitel auf, das sich den Spuren eines Universalismus von unten verschreibt.

Der kurze Streifzug durch die Geschichten der politischen Körper macht sichtbar, wie sie in widersprüchlichen Weisen behandelt werden. Das liberale Denken der Aufklärung begründet seine Entwürfe der Eigentumsgesellschaft auf dem Einzelkörper, der für die Selbstgenügsamkeit und Unabhängigkeit des Homo oeconomicus einsteht. In diesem Szenario erscheinen Körpermassen vornehmlich als Bilder der Bedrohung. Die ökonomische Idealfigur des vereinzelten, selbstgenügsamen Individuums entspricht jedoch nicht den konkreten Körperpraktiken der kapitalistischen Produktionsverhältnisse, die mit der Verwaltung und Verwertung der verbundenen Körper arbeiten. Erst der Umstand, dass Körper miteinander verbunden sind, ermöglicht Ökonomie als Organisation von Körpern. In ihrem Zusammenwirken kann sich deren Produktivkraft überhaupt entfalten. Obwohl der ökonomische Mensch als Individualkörper imaginiert wird, begründet sich Ökonomie materiell auf dem menschlichen Miteinander, sie bildet die Organisation von Körpern und deren Bedürfnissen. Aus der sozialen Verbundenheit entstehen die physischen und psychischen Potenziale, die sich als produktiv nutzbar erweisen. Politik und Wirtschaft zielen auf das körperliche Kräftespiel ab, um es zu intensivieren. Verwertet werden alle Körper. Verwundbar und verbunden sind sie alle. Und dennoch verfährt ihre Produktivmachung darüber, dass sie ungleich gemacht werden. Das erlaubt ihre Steuerung und Ausbeutung. Die Körper, die sich im Takt der Fabrik bewegen. Die Körper, die sich, auf Plantagen getrieben, zu Tode schuften. Die Körper, die tagein und tagaus den Dreck der anderen bereinigen. Die Körper, die die Körper der anderen umhegen und umsorgen, um deren Arbeitskraft zu sichern. Die feministischen *body politics* wenden sich gegen diese grundlegende, unsichtbar gemachte Struktur moderner Gesellschaften, die das Gleichheitsversprechen unterläuft. Wenn man ihrer Blickrichtung von unten auf Körper folgt, verändert sich auch die Betrachtungsweise von Gleichheit. Was geschieht, wenn man die Perspektive auf politische Körper verkehrt und sie gewissermaßen vom Kopf auf die Füße stellt? Wenn man das Miteinander der Körper als Grundlage für Politiken der Gleichheit begreift?

2. Egalitäre Körper

Menschen werden in asymmetrische Abhängigkeitsverhältnisse gedrängt und ungleich gemacht. Ihre grundlegende Abhängigkeit voneinander als verkörperte Wesen wird so verdrängt und verschleiert. Allerdings birgt der Umstand, dass Körper unabdingbar voneinander abhängig sind, Aussichten auf egalitäre Politiken. Ein Einsatzpunkt, um eine Gleichheit zwischen Körpern zu denken, liegt also in ihrer Verwundbarkeit. Seit den 1980er-Jahren erlebt das Vokabular der Vulnerabilität Aufwind. Als Forschungsterminus etablierte sich der Begriff in der Risiko-, Katastrophen- und Entwicklungsforschung. Sie verstehen unter Vulnerabilität Zustände, die zeitweilig auftreten, wie in Gebieten, die von Überschwemmungen bedroht sind. Zudem werden bestimmte Gruppen als vulnerabel eingestuft, beispielsweise jene Bewohner:innen eines solchen Risikogebiets, die wirtschaftlich so prekär gestellt sind, dass sie sich kaum vor den drohenden Gefahren schützen können. In diesem Begriffsfeld stellt Vulnerabilität die Kehrseite von Resilienz dar. Sie wird als Zustand verstanden, der überwunden werden soll, um möglichst resilient zu werden. So fragt man etwa in der Entwicklungsforschung nach den Bewältigungsstrategien von Betroffenen.[1] Durch globale Krisen wie die Corona- und die Klimakrise werden Fragen der Verwundbarkeit drängender. Sie führen uns vor Augen, dass »der Wunsch nach Abgrenzung und vollständiger Immunität ebenso wie das daraus resultierende Phantasma der Souveränität, Integrität und Totalität sowohl von Individual- als auch Gesellschaftskörpern« tatsächlich »niemals zu erreichen ist«. Das liegt, wie Sonja Gassner feststellt, an der »grundlegenden Abhängigkeit von anderen Körpern, sozialen Einrichtungen und politischen Gemeinschaften«.[2] In ähnlichem Einschlag schreibt Donatella Di Cesare, dass der Virus »unsere Verletzlichkeit bloßgelegt« hat, plötzlich »entdecken wir, ausgesetzt zu sein – und nicht etwa undurchlässig, resistent und immun«.[3] In der feministischen Philosophie bildet Vulnerabilität schon seit Längerem einen Schlüsselbegriff, um Fragen der Gleichheit und Gerechtigkeit anders zu adressieren, Ökonomien der Sorge aufzuzeigen und die verkörperte, affektive Verfasstheit von Menschen mitzudenken.[4] Aus sozialphilosophischer Perspektive wird Verwundbarkeit nicht als zeitlich begrenzter Zustand gefasst, sondern wesentlich weitreichender. Allein der Umstand, dass Menschen körperliche Wesen sind, macht sie verwundbar. Sie bedürfen zeitlebens der Sorge anderer: von der Geburt bis zum Tod. Mit diesem Nahverhältnis zwischen Verwundbarkeit und Politik befasst sich besonders Judith Butler.

Ontologische Verwundbarkeit und strukturelle Verwundbarmachung

Judith Butlers Denken der Verwundbarkeit geht davon aus, dass Menschen in ganz grundlegender Weise der Fürsorge und Ansprache bedürfen. Menschen kommen hilflos zur Welt, sie sind anderen ausgeliefert, deren Zuwendung sie brauchen. Diese tief verankerte Abhängigkeit bildet eine Grundbedingung des menschlichen Daseins, die zeitlebens fortwährt, verstärkt in Phasen der Krankheit, im Alter oder in Gefährdungsmomenten. Damit steht Verwundbarkeit im Zeichen einer relationalen Ontologie. Anstatt anzunehmen, Menschen seien voneinander getrennte Einzelwesen, erscheinen sie von vornherein als soziale Wesen. Sie sind in ihrer Verkörperung miteinander verbunden und durch ihr Begehren aufeinander bezogen. In Anlehnung an Hegels Dialektik der Anerkennung und Begierde begreift Butler Begehren nicht als inneren Ausdruck eines Individuums. Als begehrende Wesen sind wir unweigerlich soziale Wesen, denn Begehren bildet die primäre

Bande und Bezugnahme. Es ist stets auf die anderen außerhalb unseres Selbst gerichtet und zielt auf deren Anerkennung ab.[5] Wir wollen von ihnen anerkannt, gesehen, gehört und bestenfalls wertgeschätzt werden. Durch unser Begehren sind wir immer schon in Beziehungen eingebunden. Schließlich »entsteht Begehren aus Beziehungen, wie Beziehungen wiederum von Begehren gestiftet werden«.[6] In alldem bildet Begehren keine körperlose Kraft. Es entspringt unserer verkörperten Verfasstheit und sozialen Verbundenheit.

In dieser Betrachtungsweise bewegt sich der Blick weg vom Individuum hin zum Dazwischen der sozialen Beziehungen. Menschen sind nicht solipsistisch eingekapselt, sie bilden auch keine freischwebenden Atome. Stattdessen sind sie in ihrer körperlichen und affektiven Abhängigkeit unauflöslich aneinander gebunden. Das bedeutet aber keineswegs, Körper auf ihre Biologie zu beschränken. Ganz im Gegenteil sind Körper für Butler zuallererst in soziale Praktiken eingebunden und durch diese konstituiert. Ebendiese soziale Verfasstheit von Körpern verweist auf ihre politischen Dimensionen:

> Das bedeutet, daß jede (jeder) einzelne von uns zum Teil aufgrund der sozialen Verwundbarkeit unserer Körper politisch verfaßt ist – als ein Ort des Begehrens und der physischen

> Verwundbarkeit, als Ort einer öffentlichen Aufmerksamkeit, der durch Selbstbehauptung und Ungeschütztheit zugleich charakterisiert ist. Verlust und Verletzbarkeit ergeben sich offenbar daraus, daß wir sozial verfaßte Körper sind: an andere gebunden und gefährdet [...].[7]

Weil Menschen verwundbar sind, wohnt ihren Körpern eine eigene Form der Politizität inne. Körper erscheinen in ihrer Offenheit und ihrem Ausgesetztsein anderen gegenüber. Da Menschen darauf angewiesen sind, von anderen anerkannt zu werden, begründen sich soziale Beziehungen in einer fundamentalen Abhängigkeit. Durch den »Modus der Beziehungen« zwischen Körpern befinden sich diese ebenfalls in einem »Modus der Enteignung«.[8] Anstatt Körper als atomistisch abgetrennte Eigentümer anzusehen, über die Menschen autonom und souverän verfügen, wie es bei Hobbes und Locke anklang, betont Butler die unausweichliche Eingebundenheit von Körpern. Denn »als ein in der Öffentlichkeit geschaffenes soziales Phänomen gehört mir mein Körper und gehört mir auch wiederum nicht«.[9] Aufgrund der verkörperten Verwundbarkeit sind Menschen niemals vollends Eigentümer:innen ihrer Körper, sie bleiben aufeinander verwiesen. Dabei verfügen sie durchaus über Handlungsmacht und Selbstbestimmung, doch da sie keine selbstgenügsamen

Wesen sind, entwickelt sich ihre Befähigung zu handeln stets in sozialen Bezügen, sie wird durch diese ermöglicht. Das rationale, autonome Individuum, das instrumentell über seinen Körper verfügt, entblößt sich als Trugbild, das seit Hobbes und Locke durch die politische Ideengeschichte geistert. Stattdessen wird sichtbar, wie Körper in radikaler Weise voneinander abhängen. Ebendeshalb scheinen sie im Modus der Enteignung auf.

In der Pandemie wird die soziale und politische Tragweite von Körperlichkeit überdeutlich. Wie sich Körper infizieren, wie sie im Infektionszustand behandelt werden, ist nicht nur eine Frage des individuellen Gesundheitszustands, sondern auch eine Frage der sozialen Ungleichheit. Außerdem wird deutlich, dass die geteilte Verwundbarkeit keine reine Verheißung auf Sorge und Solidarität darstellt. Die unauflösbare Abhängigkeit von anderen hat eine bedrohliche Seite und kann beängstigend sein. Die Beobachtung, dass Menschen einander brauchen und sich mitfühlend verhalten sollten, scheint eine moralische Binsenweisheit zu sein. Allerdings reicht Butlers Ethik der Verwundbarkeit weit über Empathieerfahrungen hinaus. Sie macht einen radikalen Vorschlag, um Vergesellschaftung zu denken, der sich Gegenüberstellungen von Individuum und Gesellschaft, von eigenem und anderem verwehrt. Da »wir voneinander abhängig sind und dies zeitlebens bleiben«, wird »die Zerstörung des anderen die Zerstörung dessen, was für mich lebensnotwendig ist«.[10] Dieses Verständnis von Verwundbarkeit, die alle Körper umfasst, verhält sich kritisch gegenüber paternalistischen Zuschreibungen, die spezielle Gruppen zu vulnerablen erklären, etwa wenn Frauen Vulnerabilität als quasi-natürliche Eigenschaft zugewiesen wird. Man muss deshalb trennscharf unterscheiden: zwischen Verwundbarkeit als Grundbedingung des Lebens und der Verteilung von Verwundbarkeit, durch die Menschen im praktisch Politischen ungleich gemacht werden. Obwohl alle Menschen als verkörperte Wesen verwundbar sind, ist ihre konkrete Verwundbarkeit ungleich verteilt. Deswegen ist begrifflich zu unterscheiden zwischen einer *ontologischen Verwundbarkeit,* die eine Grundbedingung des Daseins bildet, und einer *strukturellen Verwundbarmachung*, die politisch bedingt und geschichtlich gemacht ist. Die Annahme einer ontologischen Verwundbarkeit führt zu ethischen, egalitären Forderungen. Dahingegen dient der Analysebegriff der strukturellen Verwundbarmachung dazu, machtkritisch zu untersuchen, wie Körper ungleich gemacht werden. Die strukturelle Verwundbarmachung vollzieht sich auf verschiedene Weisen, mal sanft und subtil, mal brachial und brutal. In ihren subtileren Spielarten weist die strukturelle Verwundbarmachung auf die düsteren Seiten der Sorge hin.[11] Sie zeigen sich, wenn asymmetrische Sorge- und Abhängigkeitsverhältnisse ausgenutzt werden oder die Zuschreibung als vulnerabel in entmündigender Weise von oben herab erfolgt. Dazu gesellen sich offenkundigere Formen der strukturellen Verwundbarmachung, etwa wenn Schutz verweigert und Rechte verwehrt werden. In der ungleichen Verteilung von Verwundbarkeit zeigen sich die zerstörerischen Seiten der Abhängigkeit: Die globalisierte Welt bildet ein Gefüge aus geteilten Abhängigkeiten, die aufgrund der Kolonialgeschichte asymmetrisch gestaltet sind. Um dies in groben Zügen anhand der allzu schematischen Unterscheidung zwischen globalem Süden und Norden zu veranschaulichen: Die asymmetrischen Abhängigkeiten führen zu prekären Arbeits- und Lebensverhältnissen im globalen Süden, zu Flucht und Migration, während der Wohlstand weniger im globalen Norden durch Arbeitskraft und Ressourcen aus dem globalen Süden abgesichert wird. Zum einen werden asymmetrische Abhängigkeitsverhältnisse ausgeblendet und die strukturelle Verwundbarmachung verschleiert, um sie aufrechterhalten zu können. Zum anderen wird die grundlegende Abhängigkeit abgespalten, die uns im Sinne der ontologischen Verwundbarkeit aneinander bindet.

Obwohl Menschen aufgrund ihrer geteilten, ontologischen Verwundbarkeit gleich sind, werden sie in ungleicher Weise strukturell verwundbar gemacht. Wer wie verwundbar und verwundet wird, ist keine Frage der Natur, sondern der Politik. Dem Anspruch nach sollte kein Mensch Gefährdung ausgesetzt sein, schließlich versprechen die Menschenrechte den ausnahmslosen Schutz aller Menschen. Doch in der politischen Praxis ist Verwundbarkeit ungleich verteilt, da das Menschenrechtsversprechen, Leben zu schützen, nicht gegenüber allen gleichermaßen eingehalten wird. Gemeinsam mit Athena Athanasiou stellt Butler fest: »Da […] die vorherrschenden Normen darüber entscheiden, wer als Mensch oder Rechtssubjekt zählt, bleiben jene, denen keine Anerkennung zuteilwird, an den Rand gedrängt und ohne Sicherheit.«[12] Das zeigt sich im Blick auf Migrationspolitiken der EU: Man verweigert Flüchtenden den menschenrechtlich zugesicherten Schutz, überlässt sie dem Sterben im Mittelmeer oder in Lagerzuständen, »wie Vieh auf engstem Raum zusammengepfercht, mit unterirdischen Hygienestandards und fehlender Gesundheitsversorgung konfrontiert«.[13] Dadurch werden sie strukturell verwundbar gemacht, ihrem Leben wird aberkannt, schützenswert zu sein, ihrem Tod aberkannt, betrauernswert zu sein. Das bringt uns zu Butlers ethischer Kernfrage: Welche Leben werden betrauert? Welche Leben zählen als betrauerbar? Im Trauern erscheint es uns, als wäre ein Teil des eigenen Selbst verlustig gegangen. Im Trauern spüren Menschen, wie sehr andere ihre eigene Existenz bedingen.[14] Insofern macht Trauer schmerzhaft erfahrbar, dass das Selbst sozial verfasst ist. Allerdings werden nicht alle Leben gleichermaßen betrauert. Solche politischen Verwerfungen zeigten sich in den 1980er-Jahren in der sogenannten Aids-Krise. Obwohl sich HIV genauso über heterosexuellen Geschlechtsverkehr verbreitet, was in der frühen Phase der Verbreitung von HIV durchaus bekannt war, verunglimpfte man Aids als ›schwule Seuche‹. Öffentlich weigerte man sich, die Trauer der Verbliebenen und ihrer Liebe zu den Verstorbenen anzuerkennen. Derartige Anerkennungsverweigerungen, die in Aushandlungen über öffentliche Trauer auftauchen, entstehen aus Verwerfungslogiken, die mit aggressiven, affektiven Abwehrmechanismen arbeiten. Den Verworfenen, in diesem Fall an HIV Verstorbene, wird die Menschlichkeit abgesprochen, sie sind andere, die nicht in die Vorstellung einer heterosexuellen Gesellschaft gehören. Was sich hier auf Gesellschaftsebene als Verwerfung vollzieht, geschieht gleichsam auf Ebene der Identitätsbildung von Einzelnen. Denn Vorstellungen von Identität richten sich an gesellschaftlichen Normen aus, die tief in die affektiven Strukturen eingelassen sind. Die Verwerfungslogik, die hierbei zugange ist, versucht das Selbst vom vermeintlichen Fremden abzutrennen, Identität von Alterität abzugrenzen. Für Butler bildet Identität in erster Linie eine imaginäre Abgrenzung gegenüber anderen, um sich von ihnen innerlich abzuschotten.[15] Die Erfahrung, beständig verletzlich gegenüber anderen zu sein, ist bedrohlich. Verwundbar zu sein führt also nicht allein zu Verbundenheit, sondern auch zu Verwerfungen. Um sich der Verwundbarkeitserfahrung zu verwehren, bietet das Phantasma eines souveränen Selbst eine Schutzillusion. Um diese Illusion einer geschlossenen Identität zu fabrizieren, muss das Subjekt den Anteil seiner selbst abspalten, der ihm aufgrund gesellschaftlicher Normen andersartig anmutet. Wer Wert darauf legt, als heterosexuell und hypermaskulin wahrgenommen zu werden, wird sich mehr unbewusst als bewusst bemühen, in Aussehen und Auftreten möglichst den Männlichkeitsidealen seines Umfelds zu entsprechen. Er wird tunlichst vermeiden, geschlechtliche Ambivalenz sichtbar werden zu lassen. Dafür muss dieser Mensch andere Anteile seines Selbst aufgeben, aus Angst feminin oder gar homosexuell zu wirken. Allerdings bleiben solche Versuche, eine eindeutige, in sich geschlossene Identität zu verkörpern, zum Scheitern verurteilt.

Schließlich orientieren sich Identitätsentwürfe an Idealen, die selbst flüchtig sind. Die beständige Arbeit an diesem Ausschluss bildet eine Aggression gegen das eigene Selbst, da es sich spalten muss, um die Maßvorgaben von Männlichkeitsidealen zu erfüllen. Da auch diese Abspaltung noch verdrängt werden muss, kehrt sich die Aggression nach außen und wendet sich als homo- und transfeindliche Wut gegen Menschen, die nicht den gängigen Geschlechternormen entsprechen. Solche Verwerfungslogiken ergeben sich ebenfalls aus der Illusion nationaler Identität. Im Schatten von 9/11 befasst sich Butler mit dem Motiv US-amerikanischer Politik, die Kriege gegen den Irak und Afghanistan als Mittel der nationalen Selbstverteidigung zu heiligen. Butler beobachtet, wie muslimische und als muslimisch wahrgenommene Menschen zu Verworfenen gemacht werden, die als Bedrohung christlicher, weißer Identität angesehen werden.[16] Man nimmt ihr Sterben nicht als betrauernswert wahr. Solchen Identitätspolitiken der Verwerfung setzt Butler die Ethik der Verwundbarkeit entgegen. Politisch ergibt sich daraus der Anspruch, alle Leben gleichermaßen zu schützen. Angesichts der strukturellen Verwundbarmachung von Körpern werden die ethischen und egalitären Forderungen, die sich aus der ontologischen Verwundbarkeit ergeben, noch dringlicher.

Zur Gleichheit zwischen Körpern

Die Annahme einer ontologischen Verwundbarkeit erfordert ein radikales Umdenken von Gleichheit und ebenso von Körperlichkeit. Am Beispiel von Rousseaus Beschreibung der ursprünglichen Unabhängigkeit im Naturzustand zeigt Butler auf, wie die Anerkennung des Sorgebedürfnisses von Menschen zugunsten der Illusion eines selbstgenügsamen Individuums verdrängt wurde.[17] Wie im vorherigen Kapitel diskutiert, beruht die Idealfigur des liberalen Subjekts auf den Normvorstellungen weißer, heterosexueller, bürgerlicher Männlichkeit und ist durch das Eigentumsrecht bestimmt. Bereits in diesen Grundzügen deuten sich die Ausgrenzungsmechanismen an, die allen, die nicht diesen Normen entsprechen, die Anerkennung als vollwertige politische Subjekte verwehren. Sie werden ontologisch enteignet, zugleich werden sie strukturell verwundbar gemacht und sind so verstärkt der ökonomischen Enteignung ausgesetzt. Dabei wird deutlich, wie eng die differenzielle Verteilung von Verwundbarkeit mit der Dimension der Ungleichmachung politischer Körper verbunden ist. Infolgedessen folgt die neoliberale Rationalität dem Prinzip der Eigenverantwortung. In ihren Privatisierungsbestrebungen zerstören neoliberale Wirtschaftspolitiken soziale Räume und geteilte Lebensgrundlagen.[18] Anstelle von Kooperation herrscht Konkurrenz, sodass sich das Soziale als Kampf aller gegen alle gestaltet, ähnlich den Menschen im Naturzustand, wie ihn Hobbes beschreibt. Dahingegen durchkreuzt der Gedanke einer geteilten Verwundbarkeit diese Vorstellungen souveräner, selbstgenügsamer Körper. Butler betont die globalen Abhängigkeiten, die in Zeiten der Covid-19-Krise auch im globalen Norden schmerzhaft spürbar werden. Im Gewahrwerden, dass wir einander schützen müssen, um uns selbst zu schützen, wird bei aller Bedrohlichkeit erfahrbar, wie wir körperlich verbunden sind. Dadurch eröffnen sich Aussichten auf solidarische Sorgepraktiken, welche die geteilten Bedürfnisse nach Schutz und Fürsprache in den Mittelpunkt stellen. Das bietet einen Ausgangspunkt für geteilte soziale Kämpfe. Die Frage, welche Leben betrauert werden, verbindet verschiedene Kämpfe, sei es die *Black Lives Matter*-Bewegung, die Geflüchtetenproteste oder die feministische Streikbewegung *Ni Una Menos,* die sich gegen Feminizide wehrt. Das Denken der Verwundbarkeit wendet sich gegen die symbolischen Differenzeinschreibungen und materiellen Ausbeutungsmuster, die Körper ungleich machen. Damit wirkt es direkt in die Dimensionen der Ungleichmachung und der Produktivkraft von politischen Körpern hinein. Die Vorstellungen von verbundenen Körpern, die mit diesem Denken einhergehen, greifen in die Dimension der Repräsentation ein, ebenso spielen sie in die Dimension der Affekte hinein. In der Verschiebung weg vom Vokabular des unabhängigen Individuums zu den Begrifflichkeiten von Verwundbarkeit und Abhängigkeit entfaltet sich die Vorstellung von Menschen als affektive und körperliche Wesen, die einander bedürfen. Aus dieser philosophischen Betrachtungsweise erschließen sich Einsichten in solidarische Sorgepraktiken, die wegweisend für gegenwärtige wie zukünftige Krisen der globalen Gesellschaft sind – seien es ökonomische, pandemische, ökologische oder soziale Krisen. Schließlich bildet die »unausweichliche wechselseitige Abhängigkeit« die »Basis für die politische Weltgesellschaft«.[19] Mithin zeigt sich Verwundbarkeit als Modus, der die soziale Verfasstheit von Körpern bedingt. Indem sie allen Körpern eigen ist und sich in ihrem Miteinander manifestiert, wird sie wiederum als Modus der Gleichheit zwischen Körpern erkennbar. So verschieden Menschen sind, so verschieden ihre Körper sind, sie bleiben unweigerlich darin geeint, verwundbar zu sein. Ihre Körper mögen Bedürfnisse haben, die verschieden ausfallen, doch den Umstand, dass sie überhaupt sorgebedürftig sind, teilen sie bei all ihren Unterschieden. Es ist wesentlich, die Vielfalt und Verschiedenheit der physischen und affektiven Bedürfnisse anzuerkennen. Ebenso wesentlich ist es, von einem

Basalbedürfnis nach Sorge, Ansprache und Anerkennung auszugehen.

Die pandemischen Körper, welche die Welt der globalen Gegenwart bevölkern, bezeugen die Verbundenheit in bislang unbekanntem Ausmaß. Der Virus ist keine individuelle Gefahr, er überträgt sich von Körper zu Körper. Das Pneuma, das alle Körper durchfährt, führt vor, wie durchlässig ihre Grenzen sind. Der Atem, der auf einmal die Körper vergiftet und den Virus verbreitet, lässt die Abhängigkeit der atmenden, ansteckbaren Körper in aller Bedrohlichkeit aufscheinen. Affektive Nähe drückt sich oft in Körpernähe aus, indessen zwingt uns die Pandemie, diese altbekannte, körpersprachliche Ausdrucksweise umzukehren. Plötzlich gefährden unsere Körper andere Körper durch Nähe. Wir schützen einander durch Abstand. Unter diesen verkehrten Vorzeichen äußern sich Sorge und Solidarität im Abstandnehmen statt im Näherrücken. In der körperlichen Distanz liegt nun solidarische Nähe. Trotz dieser physischen Abstandnahme verwischt die virale Verbreitungslogik die Unterscheidung zwischen eigenen und anderen Körpern. Genauso zerfließt die Trennlinie von eigenen Problemen und Problemen anderer. Den Körper von anderen zu schützen ist kein Akt des Altruismus, schließlich schützt er auch das eigene Leben. In alldem bezeugen die pandemischen Körper, was globale Krisen ausmachen. Sie werfen uns auf die geteilte Abhängigkeit zurück. Die Pandemie verstärkt die Erfahrung der individuellen Verwundbarkeit, wenn auch in verschiedenen Weisen. Doch in ihrem globalen Ausmaß, das alle Körper erfasst, führt sie uns auch die geteilte Verwundbarkeit und Abhängigkeit vor Augen. Sie wirft Fragen nach globaler Gesundheit und Gemeinwohl, nach Gleichheit und Gerechtigkeit auf. Eben in diesem Erleben global verbundener Körper wird Gleichheit erfahrbar. Somit wird eine Gleichheit sichtbar, die zwischen Körpern entspringt und in sozialen Praktiken entsteht. Diese Gleichheit ist keine von oben gewährter Geste. Sie bildet kein pädagogisches Programm. Stattdessen entfaltet sie sich in der sozialen Verfasstheit von Körpern und leitet sich aus deren Verwundbarkeit ab. Deshalb bildet sie kein fernes Ideal, sondern besteht in egalitären Beziehungen in der gelebten Gegenwart. Sie ist in all den solidarischen Praktiken aufzufinden, in denen Menschen miteinander füreinander sorgen.

Verwundbarkeit, als Modus der Gleichheit, kommt nicht von einzelnen Körpern, sie wird in ihrem Miteinander ermöglicht. Da der Anspruch auf Gleichheit aus dem Dazwischen der Körper entsteht, kann man sie als relationale Gleichheit verstehen. Dieses relationale Verständnis von Gleichheit geht von der sozialen, verkörperten Verfasstheit von Menschen aus, anstatt Menschen als abgetrennte Individuen zu erachten, deren Gleichheit man durch ihren Vergleich ausrechnen könne. Ebenso wenig stellt sich relationale Gleichheit als ethischer Anspruch dar, der sich aus dem Individuum als moralischer Grundeinheit ableiten ließe. Demgegenüber leitet sie sich aus ontologischer Verwundbarkeit als Bedingung menschlichen Lebens ab. Die grundlegende, geteilte Verwundbarkeit führt zur politischen Forderung, allen Menschen gleichermaßen Schutz und Sorge zu gewähren. Man kann daher Verwundbarkeit als Modus der Gleichheit verstehen, der allen Körpern innewohnt. Von einem Modus der Gleichheit aller Körper auszugehen bedeutet nicht, diese Körper zu gleichen zu erklären oder danach zu streben, sie anhand von sichtbaren oder unsichtbaren Normen gleichförmig zu machen. Stattdessen gilt es, die Grenzen der Anerkennbarkeit anzufechten.

Bislang beinhalten Ideen von Gleichheit Normen, denen sich alle unterstellen müssen, um sich dem Ideal des liberalen Subjekts anzunähern: der unsichtbaren Norm der entkörperten, bürgerlichen, weißen Männlichkeit. Anhand dieser Körpernormen wird die Anerkennung, ein politisches Subjekt zu sein, verschiedentlich verteilt. Anders ausgedrückt, der Universalismus war »lange Zeit ein Universalismus der Männer«, außerdem war er »ein Universalismus für Europäer«, wodurch »die überwiegende Mehrheit der Weltbevölkerung […] zumindest in seinen Anfängen explizit nicht mitgemeint« war.[20] Im Moment der Aufklärung wie auch danach wurde der emanzipatorische Gehalt von Gleichheit und Universalismus, so die Kritik von Serene Khader, systematisch ausgehöhlt, indem man westliche Werte als universelle Normen setzte, die den hegemonialen Führungsanspruch rechtfertigen sollten. Als Beispiel nennt sie die US-amerikanische Militärintervention in Afghanistan.[21] In diesen hegemonialen Menschenrechtsdiskursen bleiben die eurozentrische Ausprägung und die Vormachtstellung des globalen Nordens unangetastet. Das aufklärerische Prinzip der Gleichheit birgt emanzipatorisches Potenzial, es bildet ein politisches Versprechen, das auf seine Einlösung wartet. Doch bislang wurde dieser Gleichheitsanspruch beständig unterwandert, man sprach Menschen, die nicht dem Normbild bürgerlicher Männlichkeit entsprachen, das Vernunftvermögen ab, um sie ihrer Rechte zu berauben und als Ungleiche zu behandeln.

Man kann derlei Bestrebungen, einen solchen Universalismus zu verteidigen und zu verbreiten, als Bemühungen begreifen, einen Universalismus von oben zu oktroyieren, die menschenrechtlich betrachtet mehr als fragwürdig sind.

Im Gegensatz dazu deutet sich ein Universalismus von unten an, der auf Differenz anstelle von Identität aufbaut. Es ist ein Universalismus, der das »Recht auf Differenz in der Gleichheit« wahrt,[22] von dem Étienne Balibar schreibt. Ein Universalismus, der jeglichen Universalismus von oben unterläuft. Denn er wendet sich gegen die starken Differenzen, die Körper unterscheiden und beherrschen. Anstatt auf Gleichförmigkeit abzuzielen, fordert er ein, Differenz in ihrer Gleichheit anzuerkennen. Anstatt Körper anhand von gleichmacherischen Normen und den Deutungsschemata starker Differenzen ungleich zu machen und ihren Gleichheitsanspruch zu begrenzen, beruht die Gleichheit zwischen Körpern auf ihrer Vielfalt und Vielstimmigkeit. Anstelle von Gleichsein im Sinne von gleichem Sein erscheint Gleichheit als Modus von Körpern, der das menschliche Leben bedingt, ohne es zu bestimmen. Dergestalt wendet sie sich gegen die starken Differenzen, die in Körper eingeschrieben werden. Dabei bilden Gleichheit und Differenz keinen Gegensatz. Schließlich ist Gleichheit relational, sie entsteht in sozialen Beziehungen, wobei sich Beziehungen bei allen Differenzen und gerade aufgrund dieser Differenzen als egalitär erweisen. Während hegemoniale Universalismusdiskurse die grundlegende globale Abhängigkeit ausblenden und asymmetrische politische Abhängigkeiten fortschreiben, orientiert sich der Universalismus von unten an den Prinzipien des globalen Gemeinwohls und den konkreten

Kämpfen für Gleichheit und Gerechtigkeit. Dieser Gedanke einer Gleichheit von unten findet sich weniger in utopischen Ideen und Idealen einer fernen Zukunft. Indessen manifestiert sich ein Universalismus von unten in Beziehungen der Sorge und Solidarität. Allem Anschein nach sind seine Spuren in solidarischen Praktiken statt in idealistischen Programmen aufzufinden. Er erscheint in den unzähligen Momenten, in denen Menschen kollektiv Sorge füreinander tragen, ihre Beziehungen egalitär aushandeln und darin andere Formen des Zusammenlebens erschaffen.

Ihre solidarischen Sorgepraktiken entstehen indessen aus der Ungleichheit. Um die Gleichheit zwischen ihnen zu denken, muss man bei der Ungleichmachung von Körpern beginnen; wie sie versehrt, verelendet, verwertet und verworfen werden. Statt Normen aufzustellen, die sich an einer idealen, gerechten Gesellschaft ausrichten, gilt es, von den bestehenden Verhältnissen der Welt auszugehen, vom Leiden, das ungleich verteilter Verwundbarkeit geschuldet ist. Um Verwundbarkeit als Grundbedingung einer Gleichheit zwischen Körpern zu verstehen, sollte man also bei ihrer strukturellen Verwundbarmachung anfangen. Denn so sehr Verwundbarkeit mit der Gleichheit zwischen Körpern verbunden ist, so eng ist sie auch mit deren Ungleichmachung verbunden. Während sich aus der ontologischen Verwundbarkeit der radikale Anspruch auf Egalität ergibt, birgt Verwundbarkeit in ihrer geschichtlich gewachsenen, praktisch-politischen Verteilung eine Quelle der Ungleichheit.

3. Pandemische Körper

Am Anfang der Pandemie war Solidarität ein beliebtes Schlagwort. Vor dem Virus sind wir alle gleich, schien die Losung der Stunde zu lauten. In dieser frühen Phase im März 2020 verbreitete sich der Virus weltweit entlang der Wirtschaftswege, entlang ihrer Routen von Menschen und Gütern, und rückte näher und näher.[1] Er schlich sich in die Wahrnehmung ein, erschien als Bedrohung aller Körper. Doch bald trat die »deutliche Differenz hinsichtlich der Betroffenheit und Bedrohlichkeit«[2] zutage. Bereits zu Beginn von 2021 bezeichnete Oxfam Covid-19 als »Ungleichheitsvirus«, da die Coronakrise »wie unter einem Brennglas [zeigt], wie sehr unser derzeitiges Wirtschaftssystem die Ungleichheit vertieft«.[3] Der Bericht von 2022 bestätigt diesen Befund:

> Das kumulierte Vermögen aller Milliardär*innen ist seit Beginn der Pandemie nach Berechnungen von Forbes um beispiellose fünf Billionen US-Dollar gestiegen. Das ist ein größerer Zuwachs als in den 14 Jahren vor der Pandemie zusammen. Gleichzeitig lebte bereits 2019

> fast die Hälfte der Menschheit – 3,2 Milliarden Menschen – unterhalb der von der Weltbank definierten Armutsgrenze von 5,50 Dollar pro Tag. Heute sind es 163 Millionen Menschen mehr als vor der Pandemie angenommen.[4]

Was verrät die Pandemie über die strukturelle Verwundbarmachung von Körpern und wie verstärkt sie diese? Die Rückschau in die Kapitalismusgeschichte hat offengelegt, wie Akkumulation darauf aufbaut, Arbeitskraft biopolitisch zu verwalten und bestmöglich zu verwerten. In der Pandemie tritt diese körperliche Komponente des Kapitals klar hervor, schließlich machen schon die viralen Verbreitungswege sichtbar, wie die Wirtschaftsordnung auf Körper einwirkt, sie entlang bestimmter Routen in Bewegung bringt oder festsetzt. Wenn man Gleichheit von unten, also ausgehend von Körpern denkt, ist es nur naheliegend, auch die Blickrichtung auf Ökonomie zu verkehren. Aus einer solchen Blickrichtung von unten erscheint Ökonomie als Organisation von Körpern. Dieser umgekehrte Blick führt vor Augen, wie wenig abstrakt Wirtschaftsprozesse letztlich sind, wenn man sie ausgehend von ihren materiellen Auswirkungen auf Körper betrachtet. Diesem Impuls nachgehend, streift das folgende Kapitel durch die politische Ökonomie von Körpern, durch Austeritätspolitiken und Schuldenökonomien Ansteckungsschutz und Gesundheitsversorgung. Im Fokus all dieser Aspekte steht die Frage nach Ausbeutung. Als Ausgangspunkt dient die Annahme, dass Ausbeutung differenziell erfolgt. Sie arbeitet mit den starken Differenzen und vertieft soziale Unterschiede. So werden bestimmte Menschen, die ohnehin strukturell benachteiligt sind, stärker ausgebeutet als andere. Das betrifft, um eine große Gruppe als Beispiel anzuführen, alle Frauen, die aufgrund des Gender Pay Gaps weniger verdienen als ihre Kollegen. Das betrifft aber auch andere Arbeits- und Ausbeutungsformen, etwa migrantische Arbeit ohne rechtliche Absicherung. Wie genau werden Körper durch Formen der differenziellen Ausbeutung strukturell verwundbar gemacht? Und wie wird ihre Ungleichmachung gerechtfertigt?

Die Rede vom Schutz der ›Vulnerablen‹ und die Schattenseiten der Sorge

Das Vokabular der Vulnerabilität ist seit dem Ausbruch der Coronapandemie in aller Munde. In der Anfangsphase, im März 2020, wandte sich Angela Merkel in ihrem Amt als Bundeskanzlerin in einer außergewöhnlichen Ansprache an die Bevölkerung. Ihre Rede beschränkte sich auf ein nationales Wir. Dennoch vertrat Merkel darin ein Verständnis von grundlegender Verwundbarkeit: »Das ist, was eine Epidemie uns zeigt: wie verwundbar wir alle sind, wie abhängig von dem rücksichtsvollen Verhalten anderer, aber damit eben auch: wie wir durch gemeinsames Handeln uns schützen und gegenseitig stärken können.«[5] Diese wenigen Worte umreißen den Gedanken der ontologischen Verwundbarkeit recht genau. Diese stellt keinen Sonderzustand einiger weniger dar, sondern zeigt sich als Grundzustand aller. Es ist eine Verbundenheit, die uns, betonte Angela Merkel, nicht lähmen, sondern zum solidarischen Handeln anspornen sollte. Neben diesem ethischen und politischen Aufruf, sich der uns gemeinsamen Verwundbarkeit bewusst zu werden, verbreitet sich allerdings auch ein Begriff von Vulnerabilität, der derzeit dazu dient, die Gefährdung verschiedener Gruppen durch Covid-19 abzustufen. So erstellte das Robert-Koch-Institut neue Vulnerabilitätskategorien, um das Gesundheitsrisiko durch den Virus akkurat einzuschätzen. Mit der Pandemie fand der Vulnerabilitätsbegriff, wie Stephan Lessenich feststellt, »Eingang [...] in die öffentliche Debatte und die politische Sprache«, während er in den Jahren davor »über den Umweg der Popularität seines Schwesterbegriffs – der ›Resilienz‹ – Verbreitung gefunden«[6] hatte. Dabei gilt Vulnerabilität als negative Kehrseite der Resilienz: Um sich aus dem vulnerablen

Zustand zu befreien, bedarf es der Resilienz, lautet diese Logik. Als defizitärer Zustand soll Vulnerabilität tunlichst vermieden oder schleunigst überwunden werden, während Resilienz erstrebenswert erscheint. In solchen Zuschreibungen spielen Vulnerabilisierung und Viktimisierung ineinander. Das zeigen entwicklungspolitische Reden über ›vulnerable‹ Frauen im globalen Süden ebenso wie Diskussionen über Behinderung oder Armut. Ein Beispiel dafür bietet die Rede von Frank-Walter Steinmeier bei seiner Wiederwahl zum Bundespräsidenten im Februar 2022. Er ruft darin auf, »die Lage der Ärmsten und Verwundbarsten in unserem Land«[7] zu achten. Um kurz bei diesem Zitat zu bleiben: Das *Wir* in Steinmeiers Ausspruch bezieht sich auf die aktiv Schützenden, während die vulnerablen und zu schützenden Menschen als Gruppe am Rande der Gesellschaft erscheinen. In Steinmeiers Aufruf klingt kein solidarisches Wir an wie in der Rede von Angela Merkel, vielmehr offenbart seine paternalistische Rede die Kehrseite von politischen Vulnerabilitätsdiskursen. Während die Politik das Vokabular des Vulnerablen entdeckt, bleibt Verwundbarkeit ungleich verteilt. Die Rede vom Schutz der Verwundbarsten verschleiert diese ungleiche Vulnerabilitätsverteilung. »Souverän ist heute, wer über den Verwundbarkeitszustand entscheidet. Und das sind nicht die Verletzlichen selbst«,[8] so die bittere Bilanz von Stephan Lessenich. Statt Vulnerabilität auf bestimmte Gruppen zu beschränken, schien Merkel in ihrer Ansprache Verwundbarkeit als geteilten Grundzustand anzusprechen, der Sorge und Solidarität einfordert. Die Rede Merkels und die Rede Steinmeiers verweisen also auf verschiedene Verständnisse von Verwundbarkeit. Trotz des Versprechens, das in Merkels Worten lag, gestaltete sich die pandemiepolitische Praxis ganz anders.

Am Anfang der Pandemie wurden die warmen Worte über den Schutz der Vulnerablen von lautstarken Schreien übertönt, Schutzmaßnahmen aufzuheben. So mahnte CDU-Politiker Wolfgang Schäuble, man dürfe nicht »um jeden Preis jedes Leben schützen«.[9] Und der Tübinger Bürgermeister Boris Palmer ließ verlauten: »Wir retten in Deutschland möglicherweise Menschen, die in einem halben Jahr sowieso tot wären, aufgrund ihres Alters und ihrer Vorerkrankungen.«[10] In dieser sozialdarwinistischen Denkart sollen die unproduktiven, alten und versehrten Körper für das Überleben der Wirtschaft geopfert werden.[11] Diese Unterscheidung zwischen produktiven und unproduktiven Körpern betrifft in der Pandemie in besonderem Maße alte Menschen und Menschen mit Behinderung, die zu Risikogruppen zählen. Der pandemiepolitische Umgang mit ihnen macht auf die Schattenseiten von Sorge aufmerksam. Der

Begriff der Risikogruppe fand zunächst in der Aids-Krise in den 1980er-Jahren Verwendung, um schwule Männer, aber auch Sexarbeiter:innen und Drogenabhängige zu bezeichnen, eine stigmatisierende Bezeichnung, die sie zum Gesundheitsrisiko für den Gesellschaftskörper erklärte. In der Pandemie verändert sich die Verwendungsweise. Nun rechnet man zu Risikogruppen diejenigen, die ein hohes Gesundheitsrisiko bei einer Infektion haben und besonderen Schutz benötigen.[12] Obwohl diese neuen Risikogruppen in ihrem Schutzbedürfnis anerkannt werden, bergen diese Sorgeökonomien Schattenseiten: Menschen in Pflegeeinrichtungen waren über Monate isoliert, alte Menschen ebenso wie Menschen mit Behinderung.[13] Als der erste Lockdown in Deutschland für den Großteil der Gesellschaft längst vorüber war, blieben sie in ihren Einrichtungen isoliert und wurden weiterhin ihrer Entscheidungs- und Bewegungsfreiheit beraubt. Zudem zeigen einige Fälle, wie in Krisenzeiten sozialdarwinistische Züge in Sorgeökonomien zunehmen. Barbara Derler und Brigitte Pichler, die in einer Pflegeeinrichtung für ältere Menschen in Österreich arbeiten, berichten fassungslos von einem Arzt, der sich weigerte, eine mit Covid-19-infizierte Patientin ins Krankenhaus zu überweisen. Barbara Derler kann sich genau an dessen Aussage erinnern: »Diese Patientin ist über 90 Jahre alt. Wenn wir sie jetzt ins Krankenhaus bringen, dann nimmt sie ja nur einem 53-jährigen Patienten das Bett weg«, sagte er. Für Barbara Derler ging sein Urteil »dann schon in Richtung Triage, obwohl wir in der Steiermark ja nie einen Engpass an Spitalsbetten hatten«.[14] Als Anfang 2021 in Deutschland täglich rund tausend Menschen starben, kam der Verdacht auf, dass in Pflegeeinrichtungen eine sogenannte stille, also versteckte Triage stattfände. In den Statistiken der Sterbenden waren auffällig wenig Krankenhauseinweisungen von Menschen aus Pflegeeinrichtungen verzeichnet.[15] Nachdem viele Menschen isoliert in Krankenhäusern verstorben waren, entschieden sich sicherlich einige dagegen, in die Intensivstation überstellt zu werden. Doch das erklärte nicht die hohe Anzahl der Covid-Tode in Altenheimen, die bei rund zwei Dritteln lag. Auch in Pflegeeinrichtungen für Menschen mit Behinderungen wurden im Vergleich zum gesamtgesellschaftlichen Durchschnitt weitaus weniger Covid-19-Erkrankte ins Krankenhaus überstellt.[16] Der Menschenrechtsaktivist Raul Krauthausen merkt dazu an, dass diese »Praxis, solange Kapazitäten vor Ort im Krankenhaus noch verfügbar sind«, solange »die betroffenen Patient:innen nicht ausdrücklich den Wunsch äußern, nicht ins Krankenhaus zu wollen, den Tatbestand der unterlassenen Hilfeleistung« erfülle, »wenn nicht gar der Tötung durch Unterlassen«.[17]

Dieser Verdacht einer stillen Triage verweist in erschreckender Weise darauf, wie die Zuschreibung als vulnerabel, die im Zeichen von Schutz und Sorge erfolgt, die Selbstbestimmung und bisweilen das Leben der Betroffenen bedrohen kann. Dabei verbünden sich die Reden über den Schutz der ›Vulnerablen‹ mit den offen sozialdarwinistischen Opferungsrufen. Ihre Körper werden als unproduktiv bewertet. Deshalb sollen sie das erste Opfer stellen, durch das die vitalen Körper überleben können, so das zynische Kalkül. Das Verständnis von Vulnerabilität als defizitärer Zustand spielt in diese Bewertungslogik von Körpern hinein, weil der paternalistische Einschlag Entwertungen in Kraft setzen kann. Die Schattenseiten der Sorge beginnen dort, wo der Schutz von Risikogruppen angeführt wird, um deren Selbstbestimmung zu unterlaufen, und enden dort, wo das Sterben hingenommen oder sogar einberechnet wird, weil ihr Leben weniger wert erscheint. Diese Denkmuster sind tief in die Logik des kapitalistischen Wirtschaftens eingelassen. Denn die Logik des Profits fordert unentwegt, das unproduktive Leben der Wirtschaft zu opfern. Das Sterbenlassen für den hehren Zweck, das Überleben des Marktes.

Austeritätsdisziplin und die Einschreibung von Schulden

Kaputtgesparte, kollabierende Krankenhäuser, Gesundheitsämter, die mit Faxgeräten arbeiten, Schulgebäude ohne Seifenspender – die Pandemie bringt selbst in einem der weltweit reichsten Länder massive Missstände zutage. Schon der genealogische Rückblick hat offengelegt, wie kapitalistisches Wirtschaften über Körper als austauschbare, ausbeutbare Arbeitskraft verfügt. Die Austeritätspolitiken der letzten Jahrzehnte haben diesen Zug verstärkt, zumal sie sozialstaatliche Strukturen privatisiert haben. Um die Vorgeschichte der Pandemiepolitiken zu verstehen, muss man also die Schuldenökonomien der jüngsten Vergangenheit betrachten. Die Geschichten von Schulden und Austerität verdeutlichen, wie sich Ökonomie ganz konkret auf Körper auswirkt.

Wirtschaftswissenschaftliche Abhandlungen, die sich mit den Phänomenen von Finanzkrisen und Austeritätspolitiken befassen, glänzen gern mit Fachbegriffen auf hohem Abstraktionsniveau. Doch Wirtschaftsweisen sind nicht nur abstrakt. Sie stellen keine vom Sozialen abgekoppelte Sphäre dar, sondern greifen feinstofflich in das Leben ein, in die kleinsten Alltagspraktiken und intimsten Erfahrungen. Kurzum, auch Ökonomien werden verkörpert. Anstatt also Wirtschaftsprozesse zu Angelegenheiten für Expert:innen zu verklausulieren und sie der gesellschaftlichen Aushandlung zu entziehen, muss man sie in ihren materiellen, körperlichen Wirkungsweisen betrachten. Wie schlagen sich Wirtschaftspolitiken und -prozesse in Körpern nieder? Wie beeinflussen sich ökonomische Vorstellungen und Verkörperungen? Wie wirken sich die Diskurse der Austeritätsdisziplin auf die affektive Wahrnehmung von Verschuldeten aus? Die Schlagrichtung dieser Fragen führt zu einem Vorschlag, den Verónica Gago und Lucí Cavallero unterbreiten. Sie treten dafür ein, die Auswirkungen von Austerität und Schulden im Blick auf Körper und Narrative zu betrachten – ein Ansatz der feministischen Ökonomiekritik, den sie der wirtschaftstheoretischen Abstraktion entgegenstellen.[18] Bekanntermaßen bildet das Dogma der Austeritätsdisziplin ein Kernelement neoliberaler Theorie und Praxis, dessen Auswirkungen bis in die Coronakrise hineinspielen und diese entscheidend verschärfen. Denn die Gesundheitssysteme sind durch den politischen Sparkurs erheblich geschwächt, sodass sie der Notlage, die Covid-19 gebracht hat, kaum standhalten können. Der Sparkurs erweist sich als enorm gesundheitsgefährdend. Grund genug, das körperliche Gewicht, das Austeritätsdisziplin und Schuldenmoral auferlegen, abzuschätzen.

»Griechenland: Europas kranker Mann« lautete 1990 eine Titelzeile der *Zeit.*[19] 2020 schreibt die *Süddeutsche Zeitung*: »Corona und Anleger. Warum viele Anleger auf eine schnelle Genesung wetten«, wobei wohlgemerkt nicht die Genesung von einer Covid-19-Erkrankung gemeint ist, sondern die Genesung der Börse.[20] 2021 wird die Erhöhung der Reserven des IWF, des Internationalen Währungsfonds, im *Handelsblatt* als »Finanzspritze für die Weltwirtschaft«[21] bezeichnet. Im selben Jahr räumt der türkische Präsident Recep Erdoğan ein, »die ›bittere Pille‹ hoher Zinsen«[22] zu schlucken, um die angeschlagene Wirtschaft zu kräftigen. Metaphern von Kur und Krankheit sind allgegenwärtig, wenn die Rede von Wirtschaftskrisen ist. Bereits der Begriff der Krise kommt aus dem Bedeutungsbereich der Krankheit und beschreibt den Fieberzustand kurz vor dem Kipppunkt, der über Genesung oder Verschlechterung entscheidet.[23] Demnach legt bereits die Bezeichnung als Wirtschaftskrise nahe, die Ökonomie als kranken Körper zu behandeln, der einer bitteren Pille oder sogar einer kompletten Rundumkur bedarf.[24] In diesem wiederkehrenden Bild der Wirtschaft als erkrankter Körper deutet sich die Nähe von Ökonomie, Körperlichkeit und Gesundheit an. Es führt vor, wie die Dimension der Repräsentation – in diesem Fall der medialen Körper-Krisen-Metaphern – mit den Dimensionen der Ungleichmachung und der Produktivkraft politischer Körper verbunden ist und auf die Dimension der Affekte einwirkt. Am Beginn der Neoliberalismusgeschichte steht ein besonders brutales Beispiel, das die Verbindung von Ökonomie, Körpern, Gesundheit und Gefährdung bezeugt: die Schocktherapie, die von Milton Friedman, Vordenker der Chicago School, geprägt wurde.[25] Im Moment eines wirtschaftlichen und politischen Schocks sieht sie vor, die ökonomischen und staatlichen Strukturen blitzschnell einem massiven Umbau zu unterziehen. Nach Naomi Klein kommt die Idee, den Schockzustand zur Wirtschaftsumgestaltung auszunutzen, aus Elektroschocktherapien und anderen psychologischen Experimenten, die die CIA in den 1950er- und 1960er-Jahren durchführte. Dabei versetzte man Menschen durch Isolation in Zustände der Orientierungslosigkeit, man raubte ihnen jegliche Sinneseindrücke und brachte ihre Zeit- und Raumwahrnehmung sowie ihren Schlafrhythmus durch unregelmäßige Störungen durcheinander. Ziel war es, ihre Persönlichkeitszüge auszulöschen, um ihre Psyche gleich einer Tabula rasa zu manipulieren.[26] Diese Schockstrategie übernahmen schließlich in den 1970er-Jahren lateinamerikanische Ökonomen, die sogenannten *Chicago Boys*, die von Friedman ausgebildet worden waren.[27] Dabei sollten die lateinamerikanischen Länder als Laborräume für Experimente mit neoliberalen Theorien dienen. Das allererste Experiment fand in Chile statt. In Allianz mit Augusto Pinochet, der 1973 durch den Putsch gegen die demokratische Regierung von Salvador Allende zum Anführer der Militärjunta wurde, nutzten die *Chicago Boys* den gesellschaftlichen Schockzustand, um staatliche Infrastrukturen zu privatisieren und sie preisgünstig internationalen, insbesondere US-amerikanischen Investoren anzubieten, Gewerkschaften zu zerschlagen und Arbeitsrechte abzuschaffen.[28] Auch in diesem Schockexperiment wurden Körper unter Strom gesetzt, gefoltert von den Elektrostößen der Militärjunta. Auch hier hatte die CIA ihre Hände im Spiel, die in den schmutzigen Kriegen der 1970er- und 1980er-Jahre im Rahmen der *School of the Americas*, einem US-Trainingscamp für lateinamerikanische Militärs, Foltermethoden ausprobierte.[29] In drastischen Ausmaßen verdeutlicht dieser gezielte Einsatz einer Schockstrategie, wie die Dimension der Affekte umgekehrt auf die Dimensionen der Ungleichheit und der Produktivkraft einwirkt. In Chile wurde die Bevölkerung durch staatlichen Terror wortwörtlich in Schockstarre versetzt, um sie schnellstens wirtschaftlich und rechtlich zu enteignen. Ab den 1990er-Jahren setzt dann die Austeritätspolitik des IWF ein, der als globaler Staatsschuldengeber die Strategie aufgreift und abwandelt. Gerade in akuten Krisensituationen diente dem IWF die Staatsverschuldung als Druckmittel, um weitreichende Privatisierungspolitiken durchzusetzen. Als psychologisches und ökonomisches Experiment zielt die Schockstrategie auf Körper, die sie in einen Zustand der Lähmung und Orientierungslosigkeit versetzt, um ihren Widerstand gegen die Neuprogrammierung zu brechen. Ganz ähnlich ist der Umbau des Sozialen infolge eines politischen, militärischen, ökonomischen oder ökologischen Schocks zu verstehen, dem die neue Austeritätsdisziplin eingeschrieben wird. Hier zeigt sich eine direkte und nicht nur metaphorische Verbindungslinie zwischen Austerität und Körperlichkeit.

Aufschlussreich ist auch der Blick auf die Gesundheitsgeschichte. Eine Studie, die medizinische Daten mit wirtschaftspolitischen Maßnahmen abgleicht, bieten die beiden Mediziner David Stuckler und Sanjay Basu. Angelehnt an den Begriff der *body politic* sprechen sie von der *body economic*. Diese bezeichnet eine Gruppe, die durch wirtschaftliche Maßnahmen organisiert ist und deren Leben von diesen Maßnahmen beeinflusst wird.[30] Gesundheit zeigt sich hier zuvorderst als sozialer Faktor. Als *body economic* organisiert die Ökonomie das Leben. Sie ist nicht bloß eine von vielen Ursachen, die den Gesundheitszustand bestimmen, vielmehr bildet sie für Stuckler und

Basu die Ursache aller Ursachen.[31] Gute Gesundheitspolitik beginnt nicht erst in Krankenhäusern und Kliniken, sondern im Zuhause und der Nachbarschaft, in dem Essen, das wir verzehren, dem Wasser, das wir trinken, der Luft, die wir atmen, der Sicherheit in den Straßen – was uns gesund oder krank macht, ist unsere soziale Umgebung.[32] Die *body economic* bildet also einen Ansatzpunkt, um die gesundheitlichen Auswirkungen von Austerität nachzuvollziehen.

Aufgrund von Austeritätspolitiken, die viele Regierungen auch ohne direkten Druck vom IWF anordneten, wurden die Etats für die Gesundheitsversorgung drastisch gekürzt. Zugleich haben die rigiden Sparkurse Arbeits- und Obdachlosigkeit entscheidend verschlimmert, was ebenfalls gesundheitliche Auswirkungen hat. Stuckler und Basu schildern die Geschichte einer ihrer Patient:innen: Diane verlor 2009, ein Jahr nach dem Finanzcrash in den USA, mit 47 Jahren ihre Arbeit als Lehrerin in Kalifornien, wodurch sie automatisch aus ihrer Krankenversicherung ausschied.[33] Deswegen musste sie eine private, viel teurere Versicherung abschließen, die beinhaltete, dass sie sämtliche Kosten unterhalb von 55 000 Dollar privat bezahlen muss, bevor die Versicherung Arzt- und Medikamentenrechnungen übernimmt. Ein Jahr später hatte Diane einen alltäglichen Unfall, sie lief über den Holzboden ihrer

Wohnung und bekam einen Splitter in den Fuß. Weil sie Diabetes hat, verheilte die kleine Wunde nicht, sie entzündete sich und wucherte zu einem Geschwür. Da sie finanziell nicht in der Lage war, den Arztbesuch und die nötigen Antibiotika zu bezahlen, bemühte sich Diane, ihren Fuß selbst zu behandeln, mit heißen Fußbädern und antibiotischen Cremes, die nicht verschreibungspflichtig sind. Nach einigen Wochen fing sie an zu fiebern, eines Tages verlor sie das Bewusstsein. Ihre Nachbar:innen hörten das Klirren, als Dianes Kopf auf der Glasplatte des Kaffeetischs aufschlug, und riefen einen Krankenwagen.[34] Als sie in die Notaufnahme des lokalen Krankenhauses eingeliefert wurde, war Sanjay Basu ihr behandelnder Arzt. Ihr Bein musste amputiert werden, doch die Infektion hatte sich zu weit in Dianes Körper ausgebreitet, ihre Nieren kollabierten und sie musste an die Dialyse angeschlossen werden. Die Dialyse schädigte ihr schon geschwächtes Herz, wodurch sie einen Herzinfarkt erlitt. Seitdem muss Diane in einer Pflegeeinrichtung leben, die rechte Seite ihres Körpers ist komplett gelähmt, sie kann weder laufen noch sprechen. Aus einem ungefährlichen Unfall, einem Splitter im Fuß, erwächst eine lebenslange Unbeweglichkeit, weil der Arztbesuch unbezahlbar ist. Dianes Fall ist bei Weitem kein Einzelfall. Er bezeugt, wie Arbeitslosigkeit und der Ausschluss aus einem geregelten Gesundheitssystem Menschen körperlich schädigen. Inmitten der wirtschaftlichen Krise konnten zahlreiche Menschen wie Diane die Kosten der Selbstbeteiligung nicht tragen, weshalb sie dringende Arztbesuche aufschieben mussten. Im Frühjahr 2009 gingen rund zwei Fünftel aller Menschen in den USA, die an einer chronischen Krankheit leiden, nicht zu den üblichen Routinekontrollen, weil der Kostendruck zu groß geworden war.[35] Entsprechend erhöhten sich die Notaufnahmen, die Krankenhäuser waren überlastet, Patient:innen mussten länger auf die dringend benötigte Behandlung warten, akute Notfälle wurden im Stress des Krankenhauspersonals übersehen und die Qualität der Pflege nahm ab.[36] Obwohl sich die Situation zusehends verschlimmerte, gingen manche als Gewinner:innen aus dieser Gesundheitskrise hervor. Gesundheitsversicherungen verbuchten inmitten der Rezession enorme Gewinne. So konnten 2009 die fünf größten Versicherungsunternehmen in den USA Profite in Höhe von mehr als zwölf Billionen Dollar verzeichnen, ein Gewinnwachstum von 65 Prozent im Vergleich zum Vorjahr.[37] Die Reichen wurden reicher, die Kranken wurden kränker, resümieren Stuckler und Basu das Kalkül der medizinischen Krise, die sich im Schatten der Finanzkrise ereignete.[38]

Ein anderes Beispiel bietet Griechenland 2012 unter der Regierung von Giorgos Papandreous sozialdemokratischer Partei *Panellinio Sosialistiko Kinima* (PASOK). Der damalige IWF-Direktor Dominique Strauss-Kahn riet dem Land öffentlich, die bittere Medizin der Austerität zu schlucken.[39] Die Strukturanpassungsprogramme des IWF wurden mit aller Härte und mithilfe undemokratischer Mittel durchgesetzt, sie hatten verheerende Auswirkungen, die andauern. An dieser Stelle kann allenfalls ein Ausschnitt wiedergegeben werden. Ausgespart werden die Machenschaften der Eurogruppe, die ohne demokratische Legitimation waltete, und die rigide Rolle der deutschen Regierung.[40] Ebenfalls unerzählt bleiben der Widerstand der griechischen Gesellschaft, der sich 2015 in einem Volksentscheid gegen die IWF-Maßnahmen wandte, und die schwierige Geschichte der Partei Syriza, Synaspismos Rizospastikis Aristeras, der Koalition der Radikalen Linken. Immerhin wird das vierte Kapitel eine Wendung der Geschichte aufgreifen und von den solidarischen Gesundheitsnetzwerken berichten, die entstanden und sich quer durch die Gesellschaft spannten. 2012 jedenfalls bedeutete die bittere Pille des IWF drastische Kürzungen im Gesundheitswesen. Der Plan sah vor, die Kosten für das Gesundheitssystem unter sechs Prozent des Bruttoinlandsprodukts zu drücken – ein weit geringerer Prozentsatz als in anderen europäischen Staaten wie Deutschland, dessen Regierung auch einen Sparkurs verfolgte, aber das Budget für Gesundheit bei über zehn Prozent des Bruttoinlandsproduktes beließ.[41] Die Arbeitslosigkeit, die Wohnungslosigkeit und die fehlende Gesundheitsversorgung führten in Griechenland geradewegs in eine humanitäre Katastrophe. 2013 lebte rund ein Drittel der Menschen in Armut, die Arbeitslosenquote lag bei 27,6 Prozent.[42] Die autoritären Austeritätspolitiken, schreibt Anna Carastathis, schnitten durch den sozialen Körper und schufen Resonanzraum für bereits bestehende Ressentiments, die sich verstärkt gegen die Körper richteten, die am verwundbarsten waren.[43] Diese Entwicklungen lassen sich anhand der Kürzungen bei HIV-Präventionskampagnen aufzeigen, die dazu führten, dass die Infektionen 2011 um rund fünfzig Prozent stiegen.[44] Der damalige Gesundheitsminister Andreas Loverdos reagierte, indem er Sexarbeiter:innen in einer Sündenbocklogik als angebliche Ursache ausmachte. Er trat als Beschützer der traditionellen Familie auf und forderte im Fernsehen die Rückkehr zur konservativen Moral, welche die griechische Gesellschaft während der Rezession verloren hätte. Sexarbeiter:innen bezeichnete er als Bedrohung für Gesellschaft und Gesundheit, wohingegen er ihre Klienten als ahnungslose Familienväter darstellte, die durch die Sexarbeiter:innen gefährdet seien.[45] Unter seiner Leitung wurden rund neunzig Sexarbeiter:innen festgenommen und gegen ihren Willen auf HIV getestet. 26 von ihnen wurden angeklagt, illegale Prostitution zu betreiben, außerdem bezichtigte man sie, ihren Klienten absichtlich körperlichen Schaden durch Infektionen zuzufügen. Die Polizei veröffentlichte Namen, Fotos und Daten der 26 Frauen auf ihrer Website.[46] Während Loverdos die Klienten als unschuldige Opfer in Schutz nahm, wurden die Sexarbeiter:innen öffentlich exponiert und als Gefahrenquelle für die gesellschaftliche Gesundheit stigmatisiert. Solche Politiken des Stigmas legen offen, wie soziale Ausschlüsse mit Vorstellungen von verworfenen Körpern arbeiten. Durch Stigmatisierung werden Personen, die man als moralische Bedrohung betrachtet, symbolisch gebrandmarkt. In dieser Differenzeinschreibung überschneiden sich die Dimension der Repräsentation, der Ungleichmachung und der Affekte, indem sich symbolische Einschreibungen in Körper auf deren materielle Bedingungen und affektive Zustände auswirken. An dieser Schnittstelle ist das Stigma angesiedelt. In der Antike bezeichnete der Begriff Stigma buchstäblich ein Brandmal: »eine Markierung von Körpern zum Zweck ihrer sozialen Exklusion«.[47] Obwohl Stigmatisierung in der Moderne in der Regel metaphorisch verfährt, schreibt sie sich in die Körper ein, um Menschen symbolisch aus dem Sozialen auszuschließen. Die Körper von Sexarbeiter:innen und HIV-Infizierten tragen das Stigma der sexuellen, gesellschaftlichen und gesundheitlichen Gefahr. Unterdessen vermischen sich Vorstellungen von Krankheit und Perversion. Solche Stigmatisierungslogiken ziehen sich quer durch die Sexualitätsgeschichte. Beispielsweise wurden während der Prostitutionsdebatte, die in Europa zwischen 1900 und 1914 stattfand, die Körper von Sexarbeiter:innen als sündenhaft und krankheitsübertragend stigmatisiert. Man unterzog sie peniblen, polizeilichen und medizinischen Kontrollen, da man befürchtete, sie könnten durch Geschlechtskrankheiten wie Syphilis den Gesellschaftskörper gefährden.[48] Auch wenn der Umgang mit Sexarbeit inzwischen liberaler ist, werden die Körper von Sexarbeiter:innen weiterhin als gesundheitliche und gesellschaftliche Gefahrenquelle angesehen. Vergleichsweise ähnlich verhält es sich mit HIV-infizierten Körpern, die mit Homosexualität assoziiert werden. Auch sie bilden Bedrohungen für die bürgerliche Geschlechterordnung und die Institution der heterosexuellen Ehe.[49] Körperliche Erkrankungen werden zu sozialen Stigmata. Solch eine symbolische Übertragung reicht weit über den Wirkungskreis von HIV hinaus, sie umfasst Krankheiten wie Lepra, Syphilis oder Krebs.

Letztendlich gehen diese aufgeladenen Krankheitsmetaphern auf Kosten der Erkrankten, als wäre die Krankheit ein böses Zeichen, das sie als Übel auf sich gezogen hätten. Deswegen plädiert Susan Sontag dafür, Krankheiten bestmöglich von sozialer Metaphorik zu befreien.[50] Metaphern von Immunisierung und Ansteckung sind stark im politischen Denken präsent. Gleichsam sind Gesundheits- und Krankheitsdiskurse von Bildern des Politischen geprägt, und Sprechweisen über Immunisierung von militärischen Metaphern des Eindringens und Angreifens durchsetzt.[51] Solche Metaphern verschleiern wiederum die konkreten Krankheitsverläufe und Ansteckungsgefahren.[52] Sie durchziehen den sozialen Körper mit Linien der Ausgrenzung: Gerade HIV wurde als Virus von anderen abgetan. Im Gegensatz zur Migration, die metaphorisch als Angriff aus dem Äußeren auf den Gesellschaftskörper dargestellt wird, stellt man sich HIV vor allem als Angriff aus dem Inneren vor. Zwar versuchte man anfänglich, HIV und Aids als Problem aus dem Inneren ins Außerhalb auszulagern und als Problem Afrikas abzutun. Doch da sich kaum leugnen ließ, dass sich der Virus genauso im globalen Norden verbreitete, wurde er zunehmend als innere Gefahr gefasst. In reaktionärer Rhetorik und politischer Paranoia, schreibt Sontag, imaginierte man HI-Viren als Infiltrierung aus dem

Inneren.[53] Sie zeigt auf, dass sich Viren besonders als Metapher für Bilder des Sozialen anbieten, da sie befähigt sind, sich unbemerkt zu verbreiten, um das Immunsystem anzugreifen, wodurch sie den Körper schleichend von innen zerstören, zumal sie mutieren und Schutzmaßnahmen unterlaufen können.[54] Man machte Homosexuelle, Drogensüchtige und Sexarbeiter:innen zu inneren Feinden, die vermeintlich die Vitalität des Gesellschaftskörpers schwächen würden. In diese sexuelle Panik spielen Reinheitsphantasmen hinein: Um den Gesellschaftskörper reinzuhalten, sollen alle Ansteckungsquellen ausgemerzt werden. Er muss von innen sauber gehalten und von außen abgegrenzt werden. Mary Douglas legt dar, dass derartige Phantasmen dem unbewussten Bemühen entspringen, die sozialen Grenzen aufrechtzuerhalten. »Wo jedoch die Trennlinien gefährdet sind, treffen wir auf Verunreinigungsvorstellungen, die ihnen zu Hilfe kommen.«[55] Gerade in Krisenzeiten, wenn soziale und politische Ordnungen in Aufruhr geraten, tauchen Krankheitsmetaphern verstärkt auf. So bezeichnete 1995 der ehemalige französische Ministerpräsident Jacques Chirac Währungsspekulation als Aids der Weltwirtschaft.[56] Indem sich symbolische Zuschreibungen als Stigmata in Körper einschreiben, manifestierten sie sich materiell, da sie die Bedingungen beeinflussen, in denen Körper leben. Die reaktionäre Antwort auf ökonomische Krisen und sozialen Aufruhr besteht in Stigmatisierungen, die den Gesellschaftskörper begrenzen sollen. Das alles wird in der Rhetorik des damaligen Gesundheitsministers Loverdos deutlich. Inmitten eines Krisenmoments, wie ihn die Menschen in Griechenland 2012 erlebten, geraten die sozialen Grenzen aus den Fugen. Menschen aus der Mittelschicht werden obdachlos, gutbürgerliche Gruppen fürchten um ihre Absicherung. Um die sozialen Abgrenzungen zu sichern, muss die Raumordnung der Körper rigide geregelt werden. Eine Rhetorik des Sündenbocks zieht die Grenzen innerhalb der sozialen Ordnung hoch, man verlagert die politischen Probleme auf die imaginären Feinde, um die Einheit des Gesellschaftskörpers zu festigen. Man weist die Schuld für die Misere den stigmatisierten Körpern, den Sündenböcken zu. In seinen Regierungsreden beschwor Loverdos nicht nur die inneren, sondern auch die äußeren Feinde des griechischen Gesellschaftskörpers: In einer ähnlichen Sündenbocklogik, mit der er Sexarbeiter:innen für steigende HIV-Infektionen verantwortlich machte, versuchte er die gesundheitspolitische Misere auf Migrant:innen abzuwälzen. Loverdos argumentierte, das größte Problem Griechenlands, die größte Bürde für das Gesundheitssystem seien Geflüchtete, die er des Sozialhilfebetrugs bezichtigte.[57] Mit dieser rhetorischen Verantwortungsverschiebung auf Gruppen, die am stärksten strukturell verwundbar sind, wehrte die Regierung ab, die Gründe für die Krise anzuerkennen: die benachteiligenden Strukturen des EU-Binnenmarktes sowie Missstände wie Korruption und Steuerhinterziehung, die in die Krise geführt hatten, und vor allem den Austeritätskurs des IWF, der die Krise immens verschlimmerte. In den nachfolgenden Jahren erstarkte die rechtsextreme Partei Chrysi Avgi (Die Goldene Morgenröte), die teils in offener Allianz mit Polizeikräften Jagd auf Migrant:innen, Sexarbeiter:innen, Drogenabhängige und Queers machte und mehrere Menschen ermordete.[58] Diese rassistischen Attacken wurden aus den Reihen von Politik und Polizei angeheizt, die in ähnlichem Zungenschlag wie Loverdos Migration als Ursache der Wirtschaftskrise darstellten, wodurch sie die Körper von Geflüchteten mutwillig der eskalierenden Gewalt aussetzten.[59] Einer unter ihnen war Shehzad Luqman, ein 26-jähriger Migrant aus Pakistan, den Mitglieder der Goldenen Morgenröte mit sieben Messerstichen verletzten und danach sterbend auf der Straße liegen ließen.[60]

Die beiden bisherigen Beispiele kommen aus dem globalen Norden, den USA, einem der wohlhabendsten Länder der Welt, und Griechenland, einem der ärmsten Länder Europas. Im globalen Süden sind Austeritätspolitiken seit Jahrzehnten präsent, nicht zuletzt durch die dortige Präsenz des IWF. Die sogenannten Strukturanpassungsprogramme, die er dort seit Jahrzenten durchsetzte, haben die sozialen Strukturen nachhaltig demontiert. Auf Druck des IWF wurden staatliche Strukturen zu geringen Preisen an internationale Investoren verkauft und das Gemeingut entäußert.[61] Staatliche Versorgungsleistungen wie Schulausbildungen oder Krankenhausaufenthalte fielen weg, sie waren fortan privat zu bezahlen, wodurch wiederum die Verschuldung von Privathaushalten anstieg – eine Schuldenfalle.[62] In solchen Spiralen der Schuldenökonomien ist eine Akkumulation durch Enteignung zugange.[63] Gerade die Länder, die kolonialgeschichtlich bedingt auf dem Weltmarkt strukturell benachteiligt werden, wurden dem harten Mandat des IWF unterworfen. Die dort lebenden Menschen dienen global agierenden Unternehmen als Arbeitskraftreserven ohne rechtliche Absicherung, Vertrag und festes Gehalt. Sie müssen von Job zu Job über die Runden kommen, sodass sie jede noch so schlecht bezahlte Arbeit annehmen.[64] Die globale Schuldenökonomie schreibt eine neokoloniale Einteilung der Welt fort.[65] Daher kann man nicht von einem universellen Schuldnersubjekt ausgehen.[66] Stattdessen sollte man in den Blick bekommen, wem Schulden wie aufgebürdet werden.[67] Auch Verschuldung vollzieht sich als differenzielle

Ausbeutung, das belegen die Auswirkungen, die Austeritätspolitiken auf Menschen im globalen Süden haben.[68] Wenn staatliche Sorgeangebote wegfallen, wie Kinderbetreuung oder Altenpflege, sind es meist Frauen, die diese Arbeit unbezahlt neben ihrer bezahlten Arbeit stemmen. Zudem steigt die Verschuldung von Privathaushalten, wenn, wie oben aufgeführt, die staatliche Gesundheitsversorgung wegbricht und Menschen Behandlungskosten selbst bezahlen müssen. Doch Austeritätspolitiken gefährden nicht nur, indem sie Gesundheitssysteme schwächen, als ökonomische Gewalt verstärken sie auch andere Formen von Gewalt. In Argentinien hat nach Lucí Cavallero und Verónica Gago die Gewalt gegen Frauen durch Austeritätsprogramme und Privatverschuldung zugenommen. Umso wesentlicher ist es, die konkreten Körper zu betrachten, die durch Schuldenökonomien vulnerabilisiert werden: Die Mütter, die ihre Mahlzeit aufsparen, um sie ihren Kindern zu geben, wenn die Kreditrate mal wieder das Geld für das Essen verschlingt;[69] die Frauen, die sich nicht von gewalttätigen Partnern trennen können, weil die Familie zu hoch verschuldet ist, um das geteilte Zuhause zu verlassen;[70] all jene, die in den endlosen Zyklen der Verschuldung gefangen sind, getrieben vom Druck, Geld aufzutreiben, die Kopfschmerzen, der erhöhte Blutdruck, die Schlaflosigkeit.[71] Schulden setzen den Körper unter Stress. Sie bringen das Herz zum Rasen und martern den Kopf mit ständigen Schmerzen. Der andauernde Druck lastet auf den Schultern der Schuldner:innen. Das Gefühl der Ausweglosigkeit überschattet das Leben, bisweilen treibt es sogar in den Selbstmord. Vor allem verstellt Verschuldung die Aussicht auf eine Zukunft. Verschuldete sind in der Spirale gefangen, von Woche zu Woche, von Monat zu Monat die Rate zu zahlen. Es bleibt keine Zeit, die Zukunft zu planen, sich weiterzubilden und Absicherungen aufzubauen. So erzählt eine junge Frau im Gespräch mit Lucí Cavallero und Verónica Gago, wie sie tagtäglich versucht, sich aufs Lernen zu konzentrieren, und wie sie tagtäglich daran scheitert, weil ihre Gedanken unaufhörlich um die nächste Rate kreisen.[72] All diese psychischen und physischen Auswirkungen von Schulden machen deutlich, wie sie sich in Körper einschreiben. Weil Verschuldung selbst mit Scham und Stigma verbunden ist, wirkt sie vereinzelnd. In Ländern des Globen Südens vergeben Banken seit den 1980er-Jahren Mikrokredite, seit den 1990er-Jahren laufen entsprechende Programme der Weltbank. Die Banken vergeben diese Kredite bevorzugt an Frauen, die ihnen als verlässlichere Schuldner:innen erscheinen, da sie Verantwortung für ihre Familien tragen.[73] Mit den Schulden kommt die Moral. Silvia Federici berichtet, dass in Bangladesch Frauen öffentlich angeprangert werden, wenn sie in Zahlungsverzug geraten. Ihre Ehemänner verlassen sie. Man stiehlt ihre Kochtöpfe und damit die Sachmittel, um ihre Familien zu versorgen.[74] Solche Stigmatisierungspraktiken zeigen, wie Verschuldung Solidarität erschwert, da die Verschuldeten im Zeichen der Schuldenmoral vereinzelt werden. Sie legen offen, wie Schulden mit Schuld verquickt sind. Der Gedanke, dass Schulden mit Moral arbeiten, findet sich schon in Friedrich Nietzsches 1887 veröffentlichter Streitschrift *Zur Genealogie der Moral*, dort geht er der Frage nach, wie Moral Herrschaftszwecken dient.[75] Dabei befasst er sich mit dem Vertrag zwischen Gläubiger und Schuldner und weist auf die moralischen und materiellen Asymmetrien hin, auf denen Schuldnerverhältnisse aufbauen. Als die christliche Idee der Schuld aufkam, wurde die Schuldner:in zunehmend moralisch bewertet, als ausschweifend und unvernünftig betrachtet. Sie verinnerlicht diese Schuld in Form eines schlechten Gewissens. Somit erscheinen ihre Schulden als individuelle Schuld. In ihrer Allgemeinheit stimmt Nietzsches Aussage. Man muss allerdings einen Schritt weiter gehen, denn wie die Auswirkungen von Austerität aufzeigen, werden Schuldenökonomien von strukturellen Ungleichheiten getragen und vertiefen diese. Den prekär Lebenden wird die größte Schuldlast aufgebürdet. Einschreibungen der Schuld und Schulden machen Körper, die schon ungleich sind, noch ungleicher.

Der Gesamtblick auf die gesundheitlichen Auswirkungen von Austerität, den David Stuckler und Sanjay Basu bieten, bezeugt ihr verheerendes Ausmaß. Der Befund ihrer Studie ist eindeutig: Die Privatisierung des Öffentlichen verschlimmert die wirtschaftliche Lage, sie löst Gesundheitskrisen aus und führt zu mehr Schulden. Dabei gibt es für Wirtschaftskrisen wirksame Mittel, und zwar die Stärkung der sozialstaatlichen Strukturen, öffentlicher Wohnungsbau, solide Rentensysteme und Gesundheitsfürsorge.[76] Anstatt diese bewährten Maßnahmen zu berücksichtigen, behielt der IWF stoisch seinen Sparkurs bei. Auch wenn sich Austeritätspolitiken im Laufe der Jahrzehnte veränderten, blieb das Prinzip der unbedingten Privatisierung bislang bestehen. Trotz aller Kritik, auch aus den Wirtschaftswissenschaften,[77] ignorierte der IWF empirische Ergebnisse, die den offenkundigen Misserfolg seiner Austeritätsstrategie belegten. Der Preis der Austerität wird in Menschenleben kalkuliert, schreiben Stuckler und Basu.[78] Und das Ausmaß ihrer lebensgefährdenden Auswirkungen spüren wir bis in die Pandemie hinein, denn die millionenfachen Tode sind nicht allein dem Virus, sondern vor allem den austeritätspolitisch geschwächten Gesundheitssystemen geschuldet.

Allerdings ändert sich in der Coronakrise der Umgang mit Staatsverschuldung. Pandemiebedingt nimmt man sie nun in Kauf, wo man es sich erlauben kann. In der EU wurde etwa der Stabilitätspakt, der eine Staatsverschuldung von höchstens sechzig Prozent erlaubt, aufgrund der Ausnahmesituation einstweilig ausgesetzt.[79] Und auch weltweit schnellten die Staatsschuldenquoten in die Höhe. Im Blick auf die vergangenen Krisen wie die Finanzkrise 2012 bleibt zu befürchten, dass die Schulden der Coronakrise am Ende des Tages wieder denen aufgebürdet werden, die ohnehin am härtesten belastet sind. Man sieht schon erste Anzeichen, beispielsweise durch Kürzungen in den Bereichen der Bildung und des Sozialen.[80] Hoffnung liegt hingegen in den gesellschaftlichen Aushandlungen, in denen Gemeinwohl und Gemeinwesen an Bedeutung gewinnen, während das Dogma des Spardiktats angesichts kaputtgesparter Krankenhäuser rhetorisch ins Leere läuft. Bei aller berechtigten Skepsis lassen der veränderte politische Umgang mit Verschuldung und vor allem die gesellschaftlichen Gemeinwohlforderungen darauf hoffen, dass der Bann der Austerität begonnen hat, zu brechen. Für ihr Ende bedarf es jedoch der globalen Schuldengerechtigkeit. Denn trotz des Anscheins, dass sich das Dogma der Austeritätsdisziplin im Niedergang befindet, und ein Ende der neoliberalen

Diskurshoheit in Aussicht steht, bleibt die globale Ungleichmachung von Körpern bestehen. In der Welt der pandemischen Körper werden ihre globalen Abhängigkeiten sichtbar, zugleich zeigt sich, in welch ungleichem Ausmaß sie ausgebeutet werden. Die Einblicke in die *body economic* machen sichtbar, wie Gesundheit, Körper und Ökonomie verklammert sind. Sie verdeutlichen, wie wichtig sichere Wohnverhältnisse, geschützte Arbeitsverhältnisse und gute Gesundheitsversorgung sind, wie wesentlich das Gemeinwohl mitsamt seinen Strukturen der Versorgung ist. In ganz praktischer Weise verweist der Gedanke der *body economic*, der Ökonomie als Organisation von Körpern, auf die ontologische Verwundbarkeit, die Körper verbindet. Zugleich zeigt sich im Zeichen der Austeritätsdisziplin, wie ungleich Körper gefährdet sind, wenn staatliche Schutzstrukturen wie das Gesundheitssystem privatisiert werden. Die Kürzungen bei Versorgungsstrukturen führen zur Privatisierung von Sorge und Gesundheit, die erneut Frauen aufgeladen wird. Hier ist die differenzielle Ausbeutung am Werk, die bestimmte Körper mehr belastet als andere. Und die ökonomische Gewalt schlägt schnell in geschlechterbasierte und rassistische Gewalt um. Letzteres bezeugt die Sündenbockrhetorik, die gerade in Krisenzeiten Konjunktur erfährt.

Corona und die soziale Körperordnung

Die Ausgrenzungsversuche, wie sie in der Wirtschaftskrise in Griechenland auftraten, wiederholen sich in veränderter Form in der Coronakrise. Zugleich zeigt sich eine neue Ordnung der Körper. Die Bilderwelten, die diese plötzliche, pandemische Raumordnung bezeugen, muten gespenstisch an. Körper ohne Kontakt, von Plastik getrennt, von Plastik umhüllt, mit Masken verschleiert, in Parzellen vereinzelt. Doch so unbekannt die Bilder der pandemischen Körper anfangs anmuteten, wurde schnell ersichtlich, dass diese neue Ordnung zuallererst die alten Tiefenstrukturen der Ungleichheit zutage trägt. Die Körperordnung in Zeiten von Corona ist von der »Einschränkung physischer Kopräsenz im öffentlichen und privaten Raum«[81] geprägt. Durch ihre pandemiepolitischen Raumeinteilungen werden manche Körper stärker als andere verwundbar gemacht, indem sie als vulnerabel ausgemacht und isoliert oder der Massenquarantäne unterstellt werden. Durch die Wohn- und Lebensverhältnisse, die noch beengender werden, wenn der öffentliche Raum pandemiebedingt begrenzt werden muss, und durch den Mehraufwand an Sorgearbeit in Zeiten von Homeoffice und Homeschooling, der Frauen aufgelastet wird. Aber auch durch die Gefahr, im eigenen Zuhause ausweglos der Gewalt ausgeliefert zu sein, sei es durch den Partner, sei es durch die Eltern. Sicherlich sind die pandemiepolitischen Raumaufteilungen darauf ausgerichtet, Körper zu schützen. Doch sie bauen auf alten Raumaufteilungen auf, und dadurch verstärken sie bereits bestehende Gefahrenlagen und vertiefen die im Vorfeld vorhandenen Ungleichheiten. Offenbar bildet die Pandemie kein neues Raumregime heraus, wie es einst in Zeiten der Pest entstand.[82] Sie legt stattdessen die Tiefenstrukturen offen, die Körper strukturell verwundbar machen. Da die pandemische Raumordnung auf diesen alten Strukturen aufbaut, vertieft sich die ungleiche Verteilung von Verwundbarkeit. Sie unterscheidet zwischen Körpern, die schützenswert erscheinen, und Körpern, die nicht als schutzwürdig erachtet werden.

Obwohl staatliche Stimmen an die Gemeinschaft eines Gesellschaftskörpers appellieren,[83] werden manche Gruppen als infektiöse Fremdkörper stigmatisiert. Das solidarische Wir, das Politiker:innen adressieren, ist seit jeher mehrfach gespalten. Solch ein ungespaltenes Wir bleibt ein politisches Ideal. Die althergebrachten Ungleichheiten vertiefen sich aufgrund der pandemiepolitischen Prinzipien, die angewendet werden, um Räume zu Zwecken der Infektionseindämmung einzuteilen. Gemäß Gesa Lindemann kommen zwei Logiken zum Tragen: die Logik der Kontaktbeschränkungen und die Logik der Herdenimmunität. Beide bieten dem Staat Möglichkeiten, »in die Ordnungen unserer alltäglichen Berührungen einzugreifen«.[84] Kontaktbeschränkungen sind eine »Form der Gestaltung von Berührungen«, durch sie sollen wir uns »als individuelle Körper erleben, die sich von anderen individuellen Körpern ausreichend fernhalten«, um »zu verhindern, dass der Viruskörper von Menschenkörper zu Menschenkörper wandert«.[85] Ganz anders verhält es sich bei der Herdenimmunität: Wenn Staaten »auf das Prinzip der Herdenimmunität setzen, steht nicht das einzelne Körperindividuum im Vordergrund, sondern die Menschenherde«.[86] Die Logik der Kontaktbeschränkungen soll individuelle Körper voreinander schützen. Die Logik der Herdenimmunität zielt dagegen weniger aufs Wohl der Individuen als »auf den Gattungskörper«[87] ab. Obwohl einige Regierungen wie die schwedische auf das Prinzip der Herdenimmunität setzten, fand bislang in den meisten Pandemiepolitiken eine Mischung aus Kontaktbeschränkung und Herdenimmunität statt. Allerdings ändert sich dies in der aktuellen pandemischen Phase, in der Impfungen als Weg in die Herdenimmunität angesehen werden. Die Quarantäneregeln der früheren Pandemiephasen sind dennoch beachtenswert, weil sie ebenjenes Strukturprinzip des Sozialen zutage fördern, das

Körper nach alten Mustern einsortiert: Ob kollektive »Herdenimmunität oder individualisierende Isolation der Körper gilt, hängt von der sozialen Stellung ab«.[88] So können benachteiligte Familien, die auf beengtem Raum leben, keine Isolation einzelner Familienmitglieder bewerkstelligen, weil schlichtweg der Platz fehlt. Dahingegen können vermögende Familien, die über großen Wohnraum mit mehreren Zimmern verfügen, »eine individualisierende Quarantäne der Infizierten«[89] umsetzen. Aus diesen wohlstandsbestimmten und wohnraumbedingten Unterschieden ergibt sich die Einteilung »Immunität der Familienherde für die Ärmeren, individualisierende Quarantäne für die Wohlhabenderen«.[90] Die Coronakrise führt vor, wie der ungleich verteilte Wohn- und Lebensraum Körper verschiedentlich verwundbar macht. Der Virus gefährdet »vor allem die Ärmeren, deren Körper dicht an dicht gedrängt sind, was die Übertragung von Covid-19 erleichtert«.[91] So wurde im Frühsommer 2020 in Göttingen ein kompletter Hochhauskomplex unter Quarantäne gestellt. Im Zeichen der Herdenimmunität nahm man Infektionen innerhalb der Anwohner:innen in Kauf, ihnen wurde kein individueller Schutz gewährt.[92] Derartige Maßnahmen behandeln Menschen in prekären, dicht gedrängten Wohnverhältnissen und Menschen in bürgerlichen, wohlhabenden Wohnverhältnissen ungleich. Einen griffigen Vergleich bieten das beschauliche, bürgerliche Städtchen Berchtesgaden in Bayern und der Berliner Stadtteil Neukölln, der ohnehin oft als ›Problembezirk‹ bezeichnet wird.[93] Berchtesgaden wurde im Oktober 2020 zum Corona-Hotspot, man erließ strenge Ausgangsbeschränkungen, um das Infektionsgeschehen einzudämmen.[94] Über die Berchtesgadener Bevölkerung wurde weitgehend neutral oder mitfühlend berichtet. So hieß es in der *Welt,* die Bewohner:innen des Berchtesgadener Lands »könnten einen Dienst für ganz Deutschland leisten«.[95] Indessen versuchte der bayerische Ministerpräsident Markus Söder die Aufmerksamkeit von seinem Regierungsgebiet abzulenken, indem er auf Berlin verwies, das er am Rande der Unkontrollierbarkeit wähnte, voller feierwütiger Massen und ›Clan-Hochzeiten‹. Im Vergleich erschienen die Berchtesgadener:innen als brave, vernünftige und disziplinierte Bürger:innen.[96] Tatsächlich richtete sich die mediale Aufmerksamkeit auf Hotspots in Hochhauskomplexen wie in Neukölln oder Göttingen. Als das Iduna-Hochhaus in Göttingen unter Quarantäne stand, schrieb die *BILD*-Zeitung, es gebe dort »eine neue Massen-Infektion nach Familienfeiern mehrerer arabisch-albanischer Clans«.[97] Die Anwohner:innen wehrten sich gegen diese Bezichtigungen. Daraufhin wurden die Berichte differenzierter und widerlegten die Behauptungen der *BILD*-Zeitung:[98] Der Vergleich zwischen Neukölln und dem Göttinger Iduna-Zentrum auf der einen und Berchtesgaden auf der anderen Seite verdeutlicht, wie Informationen über virale Infektionswege von Metaphern der sozialen Infektion und Immunisierung überlagert werden. Die Familien in Göttingen und Neukölln werden als ›Fremdkörper‹ behandelt, die die Gesundheit des Gesellschaftskörpers gefährden. In veränderter Form, in einer anderen Krise wiederholt sich eine Sündenbocklogik, wie sie schon im Fall des griechischen Gesundheitsministers Loverdos sichtbar wurde. Solche stigmatisierenden Unterstellungen verdecken, wie die viralen Verbreitungswege tatsächlich verlaufen. Anstatt nüchtern zu fragen, wie Ansteckungsherde entstehen, schüren sie Ressentiments. Auf internationaler Ebene war wohl das prägnanteste Beispiel für den Versuch, Verantwortung auf andere zu verschieben, die hartnäckige Bezeichnung von Covid-19 als chinesischem Virus, die besonders Donald Trump beharrlich beibehielt. Eine solche Sündenbockrhetorik wendet die öffentliche und politische Aufmerksamkeit weg von wissenschaftlichen Erkenntnissen, die in einer Pandemie umso wichtiger sind. Vor allem vollzieht sich eine Verantwortungsverschiebung: um zu vermeiden, dass man über die tatsächlichen Gründe für hohe Infektionszahlen spricht, etwa über eine verfehlte Wohnpolitik, die zulässt, dass sich Wohnraum segregiert, sodass Menschen mit wenig Geld dicht gedrängt in Räumen ohne Rückzugsmöglichkeiten leben. Die Vermischung von medizinischen Informationen zur Immunisierung und Metaphern der sozialen Immunisierung führt zu einer Rhetorik, die primär politische Funktionen der Entlastung zu erfüllen scheint. In dieser Verantwortungsverschiebung verbünden sich Immunitätsmetaphern mit Stigmatisierungen.[99] Dies reicht bis in den Bereich der Arbeit hinein, in dem sich die Schattenseiten der Sorge fortsetzen.

Arbeit und Ansteckung, Sorge und Schutz

Obwohl alle der Umstand eint, durch den Virus verwundbar zu sein, werden ihre Körper in der Behandlung und Fürsorge, die man ihnen angedeihen lässt oder verwehrt, ungleich gemacht. Schließlich sind sie »durch soziale Bedingungen sehr ungleich gestellt«.[100] Diese Ungleichheit bezieht sich zum einen auf die »körperliche Konstitution, die Möglichkeiten des Schutzes und der unmittelbaren Behandlung«, legt Imke Schmincke dar, zum anderen entsteht sie durch die Schutzmaßnahmen, »gemütliches Homeoffice und Zeit für Gartenarbeit für die einen, beengte Wohnverhältnisse, Gewalt und Arbeitslosigkeit für die anderen«.[101] Demnach wird deutlich, dass der »Virus und der gesellschaftliche Umgang« die bereits »bestehenden Ungleichheiten extrem verstärken – und das auch im globalen Maßstab«.[102] Hierbei ist hervorzuheben, dass Körper nicht nur durch mangelnden Ansteckungsschutz oder fehlende Gesundheitsversorgung ungleich gemacht werden. Auch die körperliche Konstitution bestimmt, wie schwer der Krankheitsverlauf nach einer Covid-19-Infektion ausfällt. Und die gesundheitliche Verfassung hängt stark von Arbeits- und Vermögensverhältnissen ab. Allein in Deutschland war die Sterblichkeit in ärmeren Regionen bis zu siebzig Prozent höher als in wohlhabenderen Regionen.[103] Wie angreifbar ein Körper durch Ansteckung ist, ist auch eine Frage der sozialen Ungleichheit.[104] Arbeit macht krank. Dieser Spruch war selten so wahr wie in der Pandemie.

In der ersten Welle an Lockdowns schien es vielerorts, als stünde die Welt still. In diesem scheinbaren Stillstehen trat die Arbeit derer aus dem Hintergrund hervor, die die globalen Grundversorgungsstrukturen tragen. Pflegepersonal und Lieferant:innen, Reinigungskräfte und Supermarktkassierer:innen. Neben der Einteilung der Menschen in Risikogruppen entstand eine weitere Gruppenkategorie, die systemrelevanten Arbeiter:innen.[105] Ihre Arbeiten der Sorge und

Versorgung dienen der sozialen Reproduktion. Während der Kapitalismus »thing-making«, sachenschaffend und warenproduzierend ist, wie es Tithi Bhattacharya ausdrückt, ist Sorgearbeit »life-making«, lebensschaffend.[106] Denn sie erschafft und erhält Leben. Arbeiten der Sorge und Versorgung umfassen eine Fülle von alltäglichen Aktivitäten wie Putzen, Pflege, Kochen, Kleiderwaschen und Kinderbetreuung. Sie benötigen, so Bhattacharya, die physischen Bedingungen durch Infrastrukturen und Institutionen wie Schulen und Krankenhäuser. Neben der Arbeit und der Infrastruktur der Sorge bedarf es zur sozialen Reproduktion ein Zuhause, in dem man wohnen kann, öffentlichen Nahverkehr, Grünflächen zur Erholung, Kitas und Betreuungsmöglichkeiten.[107] All die Hintergrundstrukturen, in denen üblicherweise schlecht bezahlte oder unbezahlte Sorgearbeit unsichtbar verrichtet wird, rückten in der Pandemie in den Vordergrund. Zeitgleich wurde Arbeit, die Prestige besitzt, wie etwa Finanzspekulation, in ihrem Mangel an Systemrelevanz sichtbar. In politischen Reden würdigte man plötzlich die systemrelevante Arbeit. Doch trotz großer Anerkennungsgesten bleibt sie prekär. Der politische Umgang mit ihr mündet in einen Selbstwiderspruch der Systemrelevanz. Systemrelevanten Arbeiter:innen wurde kaum Schutz vor Ansteckung gewährt, ihre Arbeitsbedingungen verschlechterten sich sogar. Man denke an die einmalige Bonuszahlung an Pflegekräfte in Deutschland, auf die bislang keine Gehaltserhöhung folgte. Mutwillig wurde pandemiepolitisch die Höchstauslastung der Krankenhäuser eingeplant, anstatt die Gesundheitsversorgung nachhaltig auszubauen. Die Politik kalkuliert mit der maximalen körperlichen und psychischen Erschöpfung der Pfleger:innen. Anders verhielt es sich bei Arbeiten, die sich als wenig systemrelevant erwiesen und die häufig vom geschützten Homeoffice verrichtet werden. Während systemrelevante Berufe der Logik der Herdenimmunität[108] unterstehen, gilt für andere Arbeiten die Schutzregel der Kontaktbeschränkung. Das stellt kein Argument gegen eine Homeofficepflicht dar, bildet aber eines für den erhöhten Schutz von systemrelevanten Arbeiten. Stattdessen zollt man den Arbeiten der Sorge und Versorgung symbolische Ankerkennung und belässt sie in prekären Verhältnissen. Ein ums andere Mal werden sie strukturell abgewertet, durch weniger Lohn, weniger Schutz, weniger Rechte.

Die Abwertung von Arbeiten, die systemrelevant sind, entspricht der Logik, Arbeitskraft für Zwecke der Kapitalakkumulation maximal auszubeuten. Solange ausreichend austauschbare Arbeitskraft für die Produktion zur Verfügung steht, ist es unwesentlich, ob die arbeitenden Körper über Subsistenzmittel verfügen. Außerdem wird die Reproduktion der Arbeitskraft ins Private abgeschoben oder als bezahlte Pflege prekarisiert. Gemäß dem Prinzip von Profit und Produktivität soll die Arbeit zur Reproduktion des Lebens im Hintergrund verrichtet werden. Damit wird zum einen die Sorge abgewertet, die Körpern zuteilwird, zum anderen werden die Körper, die diese Arbeiten der Sorge und Versorgung verrichten, stärker ausgebeutet, als es in anderen Bereichen der Fall ist. Wer trägt die Pakete aus? Wer übernimmt die Reinigung? Wer stemmt die Pflege? Diese Überlegungen führen zur Frage zurück, wessen Körper auf welche Weisen strukturell verwundbar gemacht werden. Antworten finden sich in den Tiefenstrukturen der Sorge- und Versorgungssysteme, die auf der allgemeinen Ausbeutung von Besitzlosen und im Besonderen auf der internationalen und geschlechtlichen Arbeitsteilung beruhen. Sie arbeiten mit Formen der differenziellen Ausbeutung. Menschen, deren Körper durch klassistische, durch kolonial- und geschlechtergeschichtliche Differenzeinschreibungen ungleich gemacht werden, werden verstärkt ausgebeutet, wodurch sich die Ungleichheiten fortschreiben. Seit Anbeginn der Aufklärung bis hinein in die pandemische Gegenwart höhlt die differenzielle Ausbeutung das Gleichheitsversprechen aus.

Indessen deckt die Pandemie weitere Widersprüchlichkeiten zwischen Arbeit und Anerkennung, Schutz und Sorge, Gewinn und Gemeinwohl auf. Anschaulich zeigt das der Fall von Amazon. Am Anfang der Pandemie lief der Onlinehandel auf Hochtouren. Amazon kam in die Schlagzeilen, als in den USA neben den rekordmäßigen Gewinnen erhöhte Infektionszahlen bekannt wurden.[109] In Versandlagern hatten die Angestellten kaum die Möglichkeit, voneinander Abstand zu halten. Auch aus Lagerstätten in Deutschland kamen Informationen über zahlreiche Infektionsketten an die Öffentlichkeit.[110] Im April 2021 wurde publik, dass die Leitung einer Lagerhalle in der Nähe von Hamburg Mitarbeitenden untersagte, ffp2-Masken zu tragen. Sie durften nur dünne OP-Masken tragen, die weit weniger schützen.[111] Für die Angestellten war die Arbeitssituation beängstigend und bedrohlich: »Wir fahren alle mit Angst zur Arbeit, [...] wir haben alle irgendjemanden in der Familie, den es hart treffen könnte«, sagt eine ehemalige Mitarbeiterin.[112] Auch in Einzelhandel und Industrie wurde »die ffp2-Maske nur ungern großflächig eingesetzt«, da »die Einhaltung der maskenfreien Zeit zu höheren Kosten führen würde«.[113] Solche Anweisungen sind schlichtweg gesundheitsgefährdend. Amazon bemühte sich um ein Ansehen als angestelltenfreundliches Unternehmen und stellte den Arbeiter:innen einen Zuschlag von zwei Euro die Stunde in Aussicht. Er wird jedoch nur gezahlt, solange sich die Arbeiter:innen nicht krankmelden.[114] Hier kommt ein subtiles Instrument der Selbstausbeutung ins Spiel. Amazon bietet den Angestellten einen Anreiz, mögliche Anzeichen einer Ansteckung zu ignorieren, wodurch sich das Infektionsgeschehen in den Werken weiterverbreitet.

Als die globalen Arbeitswege versperrt waren, bedeutete das für Menschen, die migrieren müssen, eine existenzielle Bedrohung. Die Grenzschließungen führten für viele zu einem Zuwenig oder Zuviel an Arbeit. Während manche ihr Einkommen und oftmals ihr Obdach verloren, mussten andere ihre ohnehin harte Arbeit hochfahren.[115] Doch nicht für alle Arbeitskräfte blieben die Grenzen geschlossen. Obwohl die europäischen Binnengrenzen beim Lockdown im Frühjahr 2020 dicht waren, lockerte man die Regelungen, um Arbeitskräfte aus mittel- und osteuropäischen Ländern für die Ernte anreisen zu lassen – in überfüllten Bussen und Flugzeugen.[116] Es blieb nicht bei riskanten Anreisebedingungen. Physischer Abstand war weder auf der täglichen Anfahrt in Minibussen noch beim Arbeiten auf den Feldern möglich.[117] Noch größer war die Ansteckungsgefahr in Schlachthäusern, da die niedrige Temperatur in den Fabrikhallen die Verbreitung des Virus begünstigt. Der erste große

Ausbruch ereignete sich im April 2020 in einem Werk in Pforzheim von Müller-Fleisch. Daraufhin stellte man die Arbeiter:innen unter Quarantäne, aber nicht in Einzelquarantäne, sondern in Sammelunterkünfte, sodass Nichtinfizierte der Ansteckungsgefahr ausgesetzt wurden.[118] Statt den Schutz der einzelnen Körper zu achten, wandte das Unternehmen die Logik der Herdenimmunität an. Derweilen ging die Produktion ohne Schutzmaßnahmen weiter, und zwar unter Hochdruck.[119] Manuela arbeitet auf einem Schlachthof und schildert die Situation:[120] Seit März gab es eine einzige Woche, »wo alles entspannter war«, in der sie »dann wirklich die vorgeschriebene Arbeitszeit gearbeitet haben«, aber »danach, also wieder diese Zehn-Stunden-Schichten oder länger«.[121] Sie hat zwar einen »Arbeitsvertrag, ursprünglich, den ich unterschrieben habe mit fünf Tage die Woche, acht Stunden«, aber »wir arbeiten eigentlich jeden Samstag [...] und arbeiten regelmäßig zehn Stunden«.[122] Die spätere Schicht geht »ungefähr bis 4 Uhr nachts und dann um 5 Uhr morgens kommt schon die erste Schicht, und die haben eigentlich gar keine Zeit mehr, dazwischen zu reinigen«, sie weiß nicht, »ob die überhaupt einmal die Woche es schaffen, da richtig zu reinigen«, obwohl es »gerade mit diesen besonderen Maßnahmen«[123] dringend gemacht werden müsste. Während die Tiere geschlachtet und ihre toten Körper zerteilt werden, werden die Körper der Lebenden, der arbeitenden Menschen, verelendet. Sie werden als austauschbare Arbeitskraft eingeschleust, ihre Arbeitsrechte werden verletzt, ihre Arbeitszeiten nach Produktionsbedarf beliebig ausgeweitet, der Arbeitsschutz wird massiv missachtet, ungeachtet ihrer Gesundheit. In den nachfolgenden Wochen und Monaten entstanden Infektionsherde in Schlachthöfen quer durch das Land. Von Unternehmensseite aus war man bemüht, die Verantwortung für die Virusverbreitung auf das Verhalten der Angestellten abzuschieben. So behauptete Clemens Tönnies nach einem Infektionsausbruch im Juni 2020 in einem seiner Schlachthöfe, die Arbeiter:innen hätten den Virus aus ihren Heimatländern mitgebracht.[124] Armin Laschet, damals Ministerpräsident von Nordrhein-Westfalen, legte nach: Die Infizierungen lägen nicht an den Lockerungen, die er durchgesetzt hatte. Es gäbe den Ausbruch im Tönnies-Werk, »weil Rumänen und Bulgaren da eingereist sind und da das Virus herkommt«.[125] Diese Äußerungen verschieben erneut die Verantwortung: weg von Unternehmen und Politik hin zum Privatverhalten der Arbeiter:innen. In dieser rassistischen Rhetorik macht man sie zu Fremdkörpern, die den Virus von außen in den Gesellschaftskörper einschleusen. FemBunt, ein bulgarisches, feministisches Kollektiv aus Berlin, antwortete mit einem offenen Brief an Laschet.[126] Sie weisen darauf hin, dass Migrant:innen in Deutschland seit Jahrzehnten unter prekären Bedingungen für extrem niedrige Löhne arbeiten, wobei die Coronakrise die Lage verschlimmert und die Brutalität dieses Wirtschaftssystems sichtbar macht.[127] Für FemBunt bildet Laschets Äußerung keinen Einzelfall. Stattdessen ist sie Teil des systematischen Bestrebens von Politik und Wirtschaft, Menschen mit Migrationsgeschichte zu marginalisieren und so ihre Ausbeutung zu ermöglichen, so die Analyse von FemBunt.[128] Sie führt zur differenziellen Ausbeutung. Diese verfährt durch äußerst prekäre Arbeitsverhältnisse, in die man migrantische und rassifizierte Menschen zwingt. Allerdings wurde dieses Ausbeutungsmuster in der breiten Debatte um die Schlachthofarbeit ausgeblendet. Immerhin führte der öffentliche Druck dazu, dass die Werkverträge, die das Arbeitsrecht aushebeln, ausgesetzt wurden, auch wenn die Fleischindustrie schnell in Angriffsstellung ging, um die arbeitsrechtlichen Regelungen anzufechten und zu untergraben.[129] Weiterhin bleibt in der öffentlichen Wahrnehmung unbeachtet, wie stark die Arbeit an Schlachthöfen von rassistischen Strukturen bestimmt ist und wie sehr sie Körper systematisch schädigt. Die meisten Menschen, die dort tätig sind, kommen aus osteuropäischen Ländern wie Rumänien oder Bulgarien. Zwar »gab es in der Zerlegung auch mal ein paar Deutsche«, sagt Jakob, der seit Längerem auf einem Schlachthof arbeitet, »aber die waren immer nur ein paar Tage da, dann haben sie aufgehört«, denn »die Arbeit war zu brutal«.[130] Er erzählt von seinen frühen Arbeitserfahrungen in der deutschen Fleischindustrie: »Ich habe in Rumänien auf Baustellen und im Wald gearbeitet. Ich weiß, was schwere Arbeit ist, aber was ich hier erlebt habe, das ist kaum zu übertreffen.«[131] Gerade in den »ersten Monaten hatte ich [an den Handgelenken] solche Schmerzen, dass ich nicht einschlafen konnte«, erinnert er sich: er »saß da, Hände immer im Wasser, und verbrachte die halbe Nacht in unserem Gemeinschaftsraum am Waschbecken«.[132] Die Arbeit in Schlachthäusern zehrt die Körper der Arbeitenden aus. Auch deshalb gibt es so viel Personalwechsel. Die wenigsten halten die physische Anstrengung länger aus. Neben der belastenden Arbeit, die sie körperlich versehrt, werden die Menschen strukturell verwundbar gemacht, indem ihnen Arbeitsrechte vorenthalten werden. Außerdem ist die Kurzanstellung an Unterbringung gebunden, sodass eine Kündigung zu Obdachlosigkeit führt. Sie sind psychischer und mitunter physischer Gewalt ausgesetzt. So berichtet Andreas: »Wir haben zwei Vorarbeiter, ein Mann, eine Frau, die schreien einen an, sind sehr vulgär, egal ob jemand älter ist oder keine Kraft mehr hat«, das sei andauernd so, »egal was ist, man wird ständig beschimpft und gestoßen und geschubst«, sie nutzen aus, dass »die Mehrheit an unserem Band kein Deutsch spricht«.[133] Diese strukturelle Verwundbarmachung findet sich verstärkt in Feldern der informellen Arbeit, die im Hintergrund verrichtet wird, sodass rechtsverletzende Arbeitsbedingungen im Dunkeln bleiben. Besonders häufig sind Arbeiten der Sorge und Versorgung informell organisiert. Sie werden externalisiert.[134] Die Abhängigkeit zu ihnen wird ausgeblendet, um die Ausbeutungsverhältnisse zu verschleiern und den schönen Schein des Wohlstands für die wenigen zu wahren.

Als die Welt ins Stocken gerät, wird die unsichtbare Arbeit der Sorge und Versorgung ein Stück weit sichtbar. Arbeit, die die Körper der Arbeitenden gefährden, durch fehlenden Schutz, mangelnde Gesundheitsversorgung. Arbeiten, die die Körper, die sie verrichten, zurichtet. Zugleich Arbeit, die dazu dient, Körper zu versorgen, mit Lebensmitteln, mit Lieferdiensten, sie zu umsorgen, in der Altenpflege und Kinderbetreuung. Vor allem feminisierte und migrantische Arbeit. Von Menschen, die zum Arbeiten migrieren müssen. Ihre Bilder geisterten durch die Medien, bisweilen beachtet, zumeist übersehen. Menschen, die wortwörtlich auf gepackten Koffern sitzen, tagelang an Flughäfen ausharrend, in der Hoffnung, zu ihren

Familien zu gelangen. Andere machten sich auf lange Wanderungen. In indischen Medien war eines der prägendsten Pandemiebilder dasjenige der wandernden Massen, die im Staub die Autobahnen und Zugstrecken abschritten, weg von den Städten, in denen es keine Arbeit mehr gab, zurück zu den Kommunen, aus denen sie einst migrieren mussten.[135] Die Pandemie trifft diejenigen hart, die keinen rechtlich geregelten Arbeitsplatz haben, denen der Anspruch auf Absicherung und Ansteckungsschutz verweigert wird. Gerade in Ländern des globalen Südens betrifft dies große Teile der Gesellschaft. In Indien liegt der Anteil derer, die informell arbeiten, bei über neunzig Prozent.[136] In einem sogenannten Schwellenland wie Brasilien beträgt der Anteil rund vierzig Prozent.[137] Diese entrechtete Arbeit ist bei Weitem kein Problem der Peripherie. Sie ist weniger das Resultat der Misswirtschaft einzelner Staaten, als dass sie den asymmetrischen Strukturen der globalen Abhängigkeiten entstammt. Dabei kommt ein kapitalistischer Kernmechanismus zum Tragen, die Akkumulation durch differenzielle Ausbeutung. Sie verfährt über die Verwaltung von Körpern als Biomasse an verfügbaren Arbeitskräften. Die liberale Ontologie des Eigentums, wie sie Hobbes und Locke vertreten, baut auf diesen enteigneten Körpern auf. Schließlich stellte schon Karl Marx fest, dass das Kapital eine »stets disponible, industrielle Reservearmee«[138] benötigt, die bereit steht und flexibel einsetzbar ist. Diese Reserve gibt Unternehmen und Arbeitgeber:innen ein Druckmittel an die Hand, um die Löhne zu niedrig zu halten, denn sie macht Arbeitskraft ersetzbar. Weil ihre Arbeitskraft austauschbar wird, werden die Arbeiter:innen in ein Konkurrenzverhältnis gesetzt. Marx hatte in erster Linie die Enteignung des Gemeinwesens in England im Blick. Obwohl er den Kolonialismus recht randständig behandelt, weist er auf den Landraub hin, den europäische Kolonialmächte begingen, als sie den brutal eroberten Boden unter Berufung auf das Eigentumsrecht als Besitz beanspruchten. Als sie den Boden aller, die Allmende dem Gemeinwesen enteigneten, ereignete sich, was Marx »ursprüngliche Akkumulation« nennt.[139] Sie betraf besonders die Körper von Frauen im globalen Süden. Schließlich waren, wie Maria Mies schreibt, Frauen, Kolonien und die Natur die Hauptziele der Enteignung und Akkumulation.[140] Ihre Kräfte und Ressourcen standen im Visier der frühen Akkumulationsbewegungen des Kapitals, zumal sie als Besitztümer gehandelt wurden. Allerdings hebt Rosa Luxemburg hervor, dass die Enteignung der Allmende einen andauernden Prozess in Gang gesetzt hat, um neue Profitfelder zu erschließen und die Akkumulation am Laufen zu halten.[141] Die Enteignungsbewegung, die Marx beschreibt, geht weit über den ursprünglichen Raub hinaus, sie wiederholt sich in veränderter Form bis in die Gegenwart, in der Menschen ihre Arbeitskraft und Subsistenzmittel entzogen werden. Durch sie werden Körper ungleich gemacht. Akkumulation beschreibt also keinen einmaligen Akt, sondern einen wiederkehrenden Prozess. Angesichts dessen schlägt David Harvey vor, Marx' irreführende Bezeichnung der ursprünglichen Akkumulation aufzugeben. Er spricht stattdessen von Akkumulation durch Enteignung.[142] Den Menschen werden so die Mittel zur Selbsterhaltung genommen. Im Anschluss an Marx merkt Judith Butler an: »Was als erforderlich gilt, legen vielmehr diejenigen fest, die den Subsistenzstandard auf ein Minimum beschränken wollen oder denen die Aussicht, dass sich der Arbeiter verletzen, dass er krank oder arbeitsunfähig werden, ja sogar sterben könnte, gleichgültig ist.«[143] Bei bestehenden Reserven an Arbeitskraft werden Arbeiter:innen »beliebig einsetzbar«, in diesen Verhältnissen »gibt es die Subsistenz ohnehin nicht als Standard, da sie für die Zwecke der Produktion nicht wirklich erforderlich ist«.[144] Gerade im globalen Süden wirft der Kapitalismus Arbeiter:innen aus dem System, um sie zu einem anderen Zeitpunkt zu Zwecken der Akkumulation zur Hand zu haben. Nach David Harvey produziert der Kapitalismus in diesem Prozess notwendigerweise seine subalternen ›Anderen‹.[145] Menschen, die ohnehin prekär leben, werden auf Körperressourcen an Arbeitskraft reduziert und als Überschussbevölkerung behandelt, die verzichtbar ist, solange sie keinen Mehrwert abwirft. Sie dienen wortwörtlich als Reserve: Falls ihre Arbeitskraft benötigt wird, werden sie eingesetzt, ohne von dem Lohn ihr Leben sichern zu können, und sobald sie überflüssig scheinen, werden sie vollends Hunger, Krankheit und Gewalt ausgesetzt. Diese Verbindungen setzen sich in der Gegenwart fort, besonders in den Arbeitsbereichen der Sorge und Versorgung.

Um zwei der vielzähligen, vielstimmigen Geschichten der Sorgearbeit aufzugreifen: Tamanna lebt mit ihrer Tochter in Kalkutta und arbeitet als Hausangestellte bei drei Familien. Da sie mit dem Zug zu ihren Arbeitsplätzen fahren muss, stellte es sie vor Schwierigkeiten, als infolge des Lockdowns der öffentliche Zugverkehr eingestellt wurde.[146] Zwei der Familien hörten auf, ihren Lohn auszuzahlen – mit der Begründung, sie müssten die Hausarbeit nun selbst erledigen. Doch als die Lockdownmaßnahmen aufgehoben wurden, blieb der Zugverkehr eingeschränkt, sodass Tamanna auch ihre dritte Arbeit verlor. Ohne Einkommen wusste sie nicht, wie sie für sich und ihre Tochter sorgen sollte. Sie sagt, es gab Tage, an denen sie nichts zu essen hatten und ihre Mägen nur mit Wasser füllen konnten.[147] Sie begann, auf den

Straßen Obst zu verkaufen, wie so viele arbeitslos gewordene Menschen in diesen Tagen. Die andere Geschichte handelt von der zweiten Person, die in Brasilien an Corona starb.[148] Sie war eine 63-jährige, Schwarze Frau, deren Name nie öffentlich bekannt wurde, obwohl ihre Geschichte die Schlagzeilen füllte. Sie arbeitete als Hausangestellte bei einer Familie in Alto Leblon, dem wohlhabendsten Viertel in Rio de Janeiro, wobei sie, wie viele der Hausangestellten in Brasilien, während ihrer Arbeitswoche im Haushalt der Familie wohnte. Ihr eigenes Zuhause lag 120 Kilometer weit entfernt, in einem Arbeiterviertel, fernab von Alto Leblon. In der frühen Ausbruchsphase der Pandemie kehrte ihr Arbeitgeber von einer Reise aus Italien zurück, das als Risikogebiet galt. Trotzdem stellte sie die Familie nicht von der Arbeit frei. Sie steckte sich mit Covid-19 an und verstarb kurze Zeit darauf. Die Existenz von Tamanna und ihrer Tochter ist bedroht, weil ihre Arbeit als Hausangestellte über keinerlei rechtliche Absicherung verfügt. Das Leben der namenlosen Frau in Rio wurde verwirkt, weil ihr Arbeitgeber willentlich riskierte, dass sie sich ansteckte. Inmitten dieser Krisenlage konzentrierten sich die Regierungschefs darauf, die Verantwortung für diese Situation von sich zu weisen. Präsident Narendra Modi schürte Ressentiments gegen die muslimische Bevölkerung. Jair Bolsonaro, der brasilianische Präsident, bezeichnete Corona als »Grippchen« und sabotiert seitdem sämtliche Schutzmaßnahmen. Seine Unterlassungen sind zu Pandemiepolitiken des Sterbenlassens geworden.[149] Während die Rhetorik der beiden Präsidenten von den gesellschaftlichen und gesundheitlichen Problemlagen ablenkt, zeigen die zwei Geschichten auf, wie die Pandemie Prekarität um ein Vielfaches verstärkt. Außerdem machen sie auf ebenjene Arbeit aufmerksam, die üblicherweise unsichtbar im Hintergrund verrichtet wird.[150] In Brasilien bescherte die soziale Isolation von März bis Mai 2020 Familien aus der Mittel- und Oberschicht eine geschichtlich ungewöhnliche Situation: Sie mussten die Hausarbeit selbst verrichten und die Pflege und Betreuung ihrer Angehörigen eigenständig stemmen.[151] Obwohl dieser kurze Moment gesamtgesellschaftlich klarmachte, wie systemrelevant diese Arbeit ist, bleibt deren prekäre Arbeitslage bestehen. In Brasilien sind mit 6,3 Millionen Menschen weltweit die meisten Hausangestellten tätig.[152] Ihre Arbeit hängt eng mit der vergeschlechtlichten Arbeitsteilung zusammen: Wird Sorgearbeit von Familienangehörigen, zumeist Frauen, verrichtet, wird sie nicht als Arbeit anerkannt und nicht entlohnt. Sobald Menschen, größtenteils Frauen, die familienfern sind, diese Arbeit als Hausangestellte verrichten, wird sie zwar als solche anerkannt, aber auch schlecht bezahlt. Indessen wird die affektive, räumliche Nähe als Argument angeführt, um Arbeitsrechte zu verweigern, wie in den 1930er-Jahren in Brasilien, als zahlreiche Berufsfelder in formelle Arbeitsverhältnisse überführt wurden, außer die Arbeit der Hausangestellten.[153] Die Vermengung von familiärer Enge, affektiver und körperlicher Nähe und ökonomischer Abhängigkeit verstärkt die Gefahr von Machtmissbrauch und sexualisierter Gewalt. Diese strukturelle Verwundbarmachung betrifft besonders die Körper von Schwarzen Frauen in Brasilien, aber auch in anderen Ländern. Nachdem in Brasilien Ende des 19. Jahrhunderts Versklavung verboten wurde, drängte man sie in prekäre Arbeitsbereiche.[154] Die Geschichte der Versklavung Schwarzer Menschen steht also in einer Linie mit der heutigen Arbeit von Hausangestellten. Solche Ausbeutungsmuster spielen sich nicht allein innerhalb eines Landes ab, sie durchziehen globale Sorgeketten.[155]

Sorge, das ist in der Pandemie sichtbar und spürbar geworden, ist das Elementarste, was Menschen miteinander teilen. Sie führt geradewegs in den Widerspruch hinein, der zwischen ontologischer Verwundbarkeit und struktureller Verwundbarmachung aufklafft. Denn obwohl Sorge für das Gemeinwohl lebenswichtig ist, wird sie in asymmetrischen Abhängigkeiten ausgebeutet, die sorgende Körper zu prekären Körpern machen.

Die bezahlte und unbezahlte Sorgearbeit bildet ebenjene Arbeit, die das Zusammenleben ermöglicht, es schützt und stützt. Dennoch erfährt Sorgearbeit keinen Schutz. Sie wird unter extrem prekären Bedingungen geleistet – in kaputtgesparten Krankenhäusern, in Pflegeeinrichtungen. Sie wird in globalen Sorgeketten organisiert. Oder sie wird als Arbeit unsichtbar gemacht und nicht als solche anerkannt. Die pandemische Mehrarbeit an Kinderbetreuung, Homeschooling, Haushaltsführung verstärkt die geschlechtliche Arbeitsteilung noch, weil sie vorrangig Frauen aufgeladen wird.[156] Leben und Sorge sind der Sachherrschaft des Kapitals unterstellt. Obwohl Sorgearbeit der Stoff ist, der die Welt zusammenhält und für das Gemeinwohl lebenswichtig ist, wird sie strukturell abgewertet. Währenddessen werden die Körper der Versorgenden ausgezehrt. Sorgearbeit wird in die privaten und prekären Randbereiche abgeschoben. Dergestalt wird die ontologische Verwundbarkeit verschleiert, die alle Körper verbindet. Diese Abwehr der Sorge und Abhängigkeit äußert sich auch in dem Körperideal der Resilienz, das durch das neoliberale Gedankengebäude geistert und durch die pandemischen Diskurskorridore schleicht.

Zur Rede der Resilienz

In der Pandemie wurden neben Rufen nach Schutz, Sorge und Solidarität Rufe nach Freiheit laut. Im Kontrast zu den Reden über den Schutz der Vulnerablen äußern sie die unverhohlene Sehnsucht nach Stärke, Unversehrbarkeit und Resilienz. Gegner:innen von Schutzmaßnahmen fordern seit Beginn der Pandemie eine Politik des Sterbenlassens, ob selbst ernannte Querdenker oder rechte Präsidenten wie Donald Trump oder Jair Bolsonaro. Was als Extrembeispiel begann, überführt allmählich in eine allgemeine Ausrichtung der Pandemiepolitiken. Sie werden somit zu Politiken des Sterbenlassens. Vielerorts wird ein »Freedom Day« ausgerufen, basale Schutzmaßnahmen werden trotz hoher Inzidenzen aufgehoben. Währenddessen macht sich schleichend die Verrohung breit, wenn man sich an die tagtäglichen Todeszahlen gewöhnt. Um dieses zynische Kalkül besser zu begreifen, lohnt es sich, einen Rückblick auf die Proteste der Coronaleugner:innen und Impfgegner:innen zu werfen. Denn ihre Abspaltungsmechanismen gewähren Einblicke, wie sich wirtschaftliche Verwertung und neoliberales Vokabular in Affektstrukturen einnisten.

Die Rufe nach Freiheit erklangen aus den Reihen derer, die gegen pandemiebedingte Schutzmaßnahmen protestieren. Viele unter ihnen sind gegen die Impfung. Sie setzen Wissenschaft mit Politik gleich, und da sie gegen die Politik sind, sind sie gegen die Wissenschaft. Ihre Proteste erscheinen als Sammelsurium an sozialen Strömungen, von früheren Grünen-Wähler:innen über Anthroprosoph:innen hin zu Reichsbürger:innen. Trotz der Vielfalt ist die politische Marschrichtung der Proteste eindeutig, sie geht nach rechts.[157] Neben den Diktaturbehauptungen und Verschwörungserzählungen liegt ihre Wucht in der Weigerung, einander solidarisch zu schützen. Sie zeigt autoritäre, sozialdarwinistische Züge.[158] Denn diese Weigerung folgt dem Recht des Stärkeren: Wer fit ist und sich nicht fürchtet, muss sich nicht schützen, weder sich noch andere. Die Vernetzungen der Proteste reichen weit in rechtsextreme Kreise hinein, allein deshalb lassen sie sich nicht als Symptom bürgerlichen Unmutes bagatellisieren. Ihr Ruf nach Freiheit führt ins Fantasiereich der selbstgenügsamen Körper. Für die Protestierenden bildet die Maske kein Schutzmittel, sondern ein Symbol der Freiheitsberaubung. Allerdings verbreitet sich Covid-19 über Aerosole, es vergiftet sprichwörtlich die Luft zum Atmen. Der Virus verkehrt die Vorzeichen von Sorge und Solidarität. Physische Distanz wird zum sozialen Schutz. Somit liegt die solidarische Handlung in der körperlichen Distanznahme. Indem unsere Körper einander vergiften und den Virus verbreiten, wirft er uns auf unsere geteilte Verwundbarkeit zurück. In diese paradoxe Sorgesituation der Pandemie geschleudert, scheinen die Proteste, die sich der solidarischen Sorge verweigern, als kollektiver Verdrängungsakt, um die Verwundbarkeit und Abhängigkeit in all ihrer Bedrohlichkeit abzuspalten. Zu dieser Verdrängungsleistung tragen antisemitisch angelegte Verschwörungserzählungen bei, die in dem Pandemiegeschehen die böse Absicht Mächtiger erahnen wollen. Ihnen erscheint der Virus als »gezielt eingesetztes Mittel, durch das feindliche Andere uns gewaltsam berühren«.[159] Diese Verschwörungserzählungen feuern die Versammlungen von Coronaleugner:innen an. Ihrerseits befeuern sie aber das Ansteckungsgeschehen, weil sie Schutz- und Abstandsregeln missachten. Dadurch werden ihre Demonstrationen gesundheitsgefährdend für andere, weswegen sie in der politischen und restlichen Bewertung ein Dilemma zwischen dem Gut der Versammlungsfreiheit und dem des Gesundheitsschutzes auslösen.[160] Derweilen dient der affektive Taumel des Aufbegehrens als Abwehrmechanismus, um im Erleben der wütenden und auch tanzenden Menschenmasse zu verdrängen, wie der Virus die ersehnte Nähe und Berührung bedrohlich werden lässt.

Im Zentrum steht das Individuum, das die Maskenverweigerung heroisch inszeniert und die Maske als Maulkorb verunglimpft. In ihrer Schutzfunktion verbrämt wird die Maske zum politischen Symbol und Statement.[161] Man will sich der geteilten gesellschaftlichen Sorge entziehen. Die Proteste folgen dem Ideal der negativen Freiheit, die der Ökonom Friedrich von Hayek zu einem neoliberalen Schlüsselkonzept auserkoren hat. Sein Kerngehalt besteht darin, sich aller sozialen Verantwortlichkeiten zu entledigen. Als neoliberales Leitprinzip steht es in erster Linie für die unbedingte Marktfreiheit für Unternehmen. Demgemäß streben neoliberale Politiken Privatisierungen auf wirtschaftlicher und ebenso auf gesellschaftlicher Ebene an:[162] Der Markt soll ungehindert von staatlichen Eingriffen schalten und walten. Das besagt zumindest die neoliberale Theorie, während die Wirtschaft in der neoliberalen Praxis von Staatshilfen profitiert.[163] Auf gesellschaftlicher Ebene führt das Prinzip zu einer Sabotage des Sozialen. Denn die Gesellschaft soll sich zugunsten von Individuen auflösen, die wettkampfgetrieben miteinander konkurrieren. Autoritäre, reaktionäre Kräfte haben Hayeks Konzept radikalisiert. Diese Entwicklung ist bei Weitem kein Zufall. Denn die Allianzen zwischen Neoliberalismus und Autoritarismus bauen auf den autoritären Tendenzen auf, die dem neoliberalen Denken innewohnen. Sie traten schon bei den Schockexperimenten in Chile zutage, dessen Verfassung, die unter Pinochets Regime eingeführt wurde, auf Hayeks Konzept der autoritären Freiheit aufbaut, das Marktfreiheit und Autoritarismus vereint.[164]

In anderer Form findet sich diese Freiheitsidee bei den Protesten gegen Pandemieschutz. Auf einem Schild, das bei solchen Protesten hochgehalten wurde, stand »Freiheit vor Fürsorge«. Diese Gegenüberstellung versinnbildlicht den Irrweg einer Freiheitsidee, die vorspiegelt, man könne sich der sozialen Abhängigkeiten vollends entledigen: Die »Geste, Freiheit und Fürsorge einander gegenüberzustellen, ruft einen ganzen Katalog herrschaftsförmiger Dualismen auf, die das westliche Denken tief prägen«, beobachtet Katharina Hoppe. Damit ist in diesem Begriffspaar »die Ausbeutung natürlicher Ressourcen und feminisierter Arbeit ebenso angelegt [...] wie eine Geringschätzung des Reproduktiven, Körperlichen, Verletzlichen«.[165] In diesem falschen Gegensatz wird mit dem »Freiheitsbegriff [...] eine männlich konnotierte Souveränität und Unabhängigkeit identifiziert, während dem weiblich konnotierten Begriff der Fürsorge Abhängigkeit und Zwang zugeschrieben wird«.[166] Freiheit gegen Fürsorge auszuspielen, verkennt Freiheit im gleichen Maße wie Fürsorge. Tatsächlich bilden die beiden Begriffe keinen Gegensatz, denn letztlich erweisen sich Praktiken der Sorge als Ermöglichungsbedingungen einer sozialen Freiheit. Vor allem bildet die Idee der individuellen Freiheit ein Trugbild, das den Zwangscharakter verdeckt, mit dem die Sachherrschaft des Kapitals Körper verwaltet, um deren Arbeitskraft abzuschöpfen. Anstatt diese freiheitsraubenden Strukturen anzugreifen, bildet die Idee der individuellen Freiheit einen Phantomprotest, der den wütenden Individuen die Illusion von Freiheit auf dem Terrain des Sozialen vorgaukelt. Somit laufen diese Selbstbeteuerungen der unbedingten Unverwundbarkeit und Unabhängigkeit ins Leere. Affektpolitisch betrachtet zeugen die Proteste von Abwehrmechanismen, die darauf ausgerichtet sind, die Ansteckungsgefahr zu verdrängen. Die Verweigerung, die soziale Bande zu anderen zu spüren, scheint aus individualistischen Wahrnehmungsmustern herzurühren, die gesellschaftlich tief verankert sind – bis hinein in die körperliche Wahrnehmung. Der Imperativ des leistungsstarken, fitten Körpers, der dem individuellen Erfolgswillen folgt, verwehrt sich dem Wissen um geteilte Verwundbarkeit. Zugleich zeigt sich in Zeiten der Pandemie die Verwertungslogik der Körper. Ein bereits erwähntes Beispiel bilden die Ausbruchsherde in Schlachthöfen.[167] Solche Arbeitsverhältnisse berechnen das körperliche Leben im abschätzenden Kalkül zwischen dem Ansteckungsrisiko und dem Wert der Arbeitskraft.

Sie zeugen von Verwertungs- und Verwerfungslogiken und weisen Körpern biopolitischen Wert zu, der darüber entscheidet, ob es schutzwürdig ist. Zudem vermittelt die Wertlogik, den eigenen Körper instrumentell als Humankapital einzusetzen und die anderen Körper als Konkurrenzkörper zu fürchten – ganz ähnlich sah, wie oben geschildert, schon Hobbes das Soziale als Kampfszenario an. Die Bewertungsraster dieses konkurrenzgetriebenen Sozialen schreiben sich als körperliches Wissen in die Wahrnehmung des Sozialen ein. In dieser ökonomischen Ordnung der Körper verschließen sich die affektiven Wahrnehmungswege für die gemeinsame Abhängigkeit. Diejenigen, die Masken verweigern und sich solidarischem Schutz verwehren, scheinen außerstande, körperliche Verbundenheit zu spüren und kollektive Verantwortung zu sehen.

Ein Paradebeispiel bot Donald Trump, der sich in Zeiten der Pandemie als Verfechter der Freiheit und Verkörperung von Stärke und Resilienz in Pose warf. Entlang dieser Pose inszenierte man auch seine Genesungsgeschichte. Als im Oktober 2020 in den USA weltweit der höchste Infektionswert herrschte und bereits über 200 000 Menschen an Corona verstorben waren, steckte er sich auf einer Feier mit Covid-19 an.[168] Nach kurzem Aufenthalt im Militärkrankenhaus trat er infiziert und infektiös im Weißen Haus vor seiner

Anhängerschaft auf und riss zum Höhepunkt seiner Rede die Maske herunter. In seiner Immunisierungsrhetorik erschien es, als habe er den Virus durch seinen Willen besiegt.[169] Seine Selbstdarstellung soll die Zeichen der Verwundbarkeit auslöschen, die der Virus seinem Körper zugefügt hat. In Trumps Inszenierung der heldenhaften Heilung verbinden sich also zwei Grundmuster neoliberaler Narrative: die sozialdarwinistische Idee des *survival of the fittest* und die Idee negativer Freiheit. Trumps Verkörperungsversuch der Resilienz und sein Vokabular der individuellen Stärke und des Siegeswillens folgen dieser Logik. Biopolitisch betrachtet wird Trumps körperlicher Kampf gegen den Virus als individueller Siegeswillen inszeniert. Innerhalb seiner Pandemiepolitik übersetzte sich dieses Narrativ in Verantwortungsverweigerung: In seiner damaligen Rolle als Präsident verwehrte sich Trump, staatliche Schutzmaßnahmen zu erlassen, die angesichts der Gefahrenlage geboten waren. Die an Covid-19 Verstorbenen in den USA verweisen auf die nekropolitische Schattenseite seiner Selbstinszenierung der Stärke. Solche Verkörperungsversuche der Resilienz verneinen die soziale, solidarische Bande, die alle Körper miteinander verbindet, sie verdrängen die Abhängigkeit, die Körper verwundbar macht.

Gemeinhin gilt Resilienz als Gegenbegriff der Vulnerabilität. Im entwicklungspolitischen, aber auch im psychologischen und medizinischen Vokabular wird er verwendet, um die Stressbeständigkeit und Widerstandsfähigkeit von Gruppen oder Menschen zu bestimmen, die als vulnerabel gelten. In ökologischen Diskursen bezeichnet Resilienz den Vorgang eines Körpers, der unter äußerer Spannung seine Form verändert und daraufhin seine ursprüngliche Form wiederfindet.[170] Dieses Verständnis von Resilienz baut auf der Vorstellung eines Körpers auf, der sich vor seiner Umwelt schützen und seine abgegrenzte Form wahren soll, eben dazu muss er dehnbar und belastbar sein. Seit den 1980er-Jahren avancierte Resilienz zu einem neoliberalen Leitbegriff, der mit moralischen Bewertungen einhergeht: Menschen sollen möglichst resilient sein und sich bei Krisen und Katastrophen aller Art als anpassungsfähig erweisen. Bestenfalls sollen sie Krisen als Chancen nutzen, um ihr Selbst zu stärken und ihr Humankapital zu erhöhen.[171] In diesem semantischen Netz zwischen Risiko, Resilienz und Vulnerabilität erscheint Letztere als defizitärer Zustand, den man nach besten Kräften vermeiden oder überwinden sollte. Gemäß dem Gebot der Resilienz sind neoliberale Subjekte dazu angehalten, Anzeichen von Verwundbarkeit an sich auszumerzen. Körper werden verwertet, verwaltet, vereinzelt. Dieser instrumentelle Zugang zu ihnen beruht nicht allein auf äußerem Zwang. Er wird verinnerlicht, wenn Menschen ihren Körper zum wettbewerbsfähigen Werkzeug machen. Dieser Gedankengang findet sich schon bei den liberalen Vordenkern Hobbes und Locke. Im heutigen Humankapitalkapitalismus zeigt sich dieser Zug im selbstsorgerischen Zwang, den Körper zu formen und zu stählen, ihn fit und resilient für die Anforderungen des Marktes zu machen. Dieser Imperativ zeugt von dem Menschenbild des selbstgenügsamen Individuums, das allein Konkurrenz kennt. Es braucht nicht die Nähe zu anderen Körpern, sondern ist angestrengt, sich von ihnen abzugrenzen.[172] Damit verschleiert die Leitidee des resilienten Subjekts die grundlegende Abhängigkeit, die Menschen aneinander bindet. Zudem facht sie den Wettkampfgeist an: Wer sich als möglichst resilient erweist, gilt als leistungs- und leidensfähiges Subjekt. Wer an Krisen zerbricht, ist allein am eigenen schwachen Willen gescheitert. In der Pandemie ist spürbar und sichtbar geworden, wie irreführend diese neoliberalen Imperative sind. Zu einem Zeitpunkt, an dem die Mehrzahl der Menschen zum Wohle des Marktes der Ansteckungsgefahr ausgesetzt werden, entblößt sich das Phantasma des resilienten Selbst in seinen Widersprüchen zur Wirklichkeit. Im globalen Kollaps erschöpft sich der fitte, selbstoptimierte Körper, er »entzieht sich dem beschleunigten Rhythmus, hält nicht mehr stand, gibt nach, kommt zum Stillstand«.[173] Zurück bleiben Körper, die rückhaltlos aufeinander angewiesen sind.

Den Nekropolitiken des Sterbenlassens steht die biopolitische Pflege gegenüber, das Umsorgen des eigenen Körpers, um ihn bestmöglich zu optimieren. Doch dieses Hegen und Pflegen steht nur Menschen zu, deren Körpern Schutz gewährt wird. Während manche Menschen Selbstsorge betreiben und die besten Bioprodukte aus den wohlsortierten Supermarktregalen auswählen, die ihre Körper vitalisieren sollen, müssen sich andere um die Möglichkeit sorgen, frisches Trinkwasser aufzutreiben. Während manche mit Bedacht abwägen, welchen der frei verfügbaren Impfstoffe sie wählen oder sich der Impfung aus Gründen des persönlichen Wohlgefühls verwehren, stehen für andere Impfmöglichkeiten nicht in Aussicht. Der Ansporn, als eigenverantwortliche Entrepreneur:in zu agieren, soll diese strukturellen Ungleichmachungen kaschieren. Das neoliberale Narrativ der Resilienz schreibt sich in die affektiven Wahrnehmungsweisen ein und verdrängt das Körperwissen um die Abhängigkeit zu anderen Körpern. Dadurch werden Beziehungen der Sorge und Solidarität erschwert.

In der Pandemie hat sich allerdings die Rede von der Resilienz verändert. Sie wird nun von der neuen politischen Rede der Vulnerabilität begleitet, mit deren Betrachtung dieses Kapitel begonnen hat. Wie bereits gesehen, wird Vulnerabilität in dieser Zuschreibung auf einen defizitären Zustand beschränkt. Dadurch fügt sich dieses neu entdeckte Vulnerabilitätsvokabular in die Logik der Resilienz. Die Rede von den Vulnerablen kann in der Praxis dazu führen, dass Selbstbestimmung beschränkt oder entzogen wird. Vor allem dient sie dazu, strukturelle Missstände zu verschleiern, durch die Verwundbarkeit ungleich verteilt bleibt. Damit blendet die Rede der Vulnerabilität sowohl die ontologische Verwundbarkeit als auch die strukturelle Verwundbarmachung aus. Deutlich wird dies in den Regierungsreden, die sich bemühen, die Beendigung von grundlegenden Schutzmaßnahmen zu begründen. Sie heben zwar häufig hervor, dass der Schutz der sogenannten Vulnerablen bestehen bleibt, doch sie beschränken die Maßnahmen auf Pflegeeinrichtungen und Krankenhäuser. Als wären Vulnerable einzig Menschen, die isoliert in Einrichtungen wohnen würden, und nicht Menschen, die inmitten der Gesellschaft leben, in Supermärkten einkaufen, mit der Bahn fahren und zu ihrem Arbeitsplatz gehen. Die Betonung, ihnen besonderen Schutz angedeihen zu lassen, soll verdecken, dass man rückhaltlos Solidarität aufkündigt und mit den täglichen Toden kalkuliert, wenn man basale Schutzmaßnahmen wie Maskentragen im öffentlichen Verkehr und Einzelhandel bei hohen Inzidenzen aussetzt. Derartige Manöver drängen Vulnerable rhetorisch an die Ränder der Gesellschaft, damit man politisch rechtfertigen kann, den Gesamtgesellschaftskörper resilient machen zu wollen. Um Profit vor Gesundheit zu stellen. Schließlich suggerieren diese Reden, dass die Vulnerablen nun zurückstecken müssten, sodass man sämtliche Schutzmaßnahmen aufheben und die Wirtschaft ungehindert weiterlaufen kann. In ihnen verzahnt sich die Rede von den Vulnerablen mit dem Denken der Resilienz als Recht des Stärkeren.

Globale Abhängigkeiten: Körper in der Klimakrise

Die Gefährdung von Körpern in einem Gebiet der Welt führt zu Gefährdung von Körpern in gänzlich entlegenen Gebieten. Die pandemischen Zeiten »machen es schlechterdings unmöglich, den Schutz des eigenen Lebens vom Sterben der ›Anderen‹ zu trennen«,[174] bringen es Yener Bayramoğlu und María do Mar Castro Varela auf den Punkt. Man kann eine Pandemie nicht national eindämmen, man muss sie global bekämpfen. Doch bislang scheitern die Bemühungen, Impfstoffe weltweit zugänglich zu machen und die Impfpatente aufzuheben, am Widerstand der wohlhabendsten Länder, insbesondere Deutschlands.[175] Zugleich haben die Lockdownzeiten gezeigt, wie schnell die Menschheit in einem Moment der globalen Gefährdung reagieren kann. Und rapide, radikale Wegänderungen werden unweigerlich vonnöten sein.

Während die Pandemie anhält, befindet sich die Menschheit längst inmitten einer anderen Krise, die epochalen, existenziellen Ausmaßes ist und das Leben global gefährdet: die Klimakrise.[176] Sie erfasst die Körper aller Lebewesen, die pflanzlichen, tierischen und menschlichen. Doch sie gefährdet nicht alle Körper gleichermaßen. Die Umweltzerstörung in der Gegenwart entfaltet ihre fatalsten Folgen erst in der Zukunft, daher bedroht sie die Körper zukünftig Lebender stärker als die Körper der gegenwärtig Lebenden. Und auch in der Gegenwart wirkt sie sich nicht gleich auf alle Körper aus. Die ehemals kolonialisierten Länder, die seit der Moderne als Ressourcenquelle für reiche Länder dienen, spüren die klimatischen Veränderungen seit Langem. In der »verwobenen Geschichte von Kolonialismus, Kapitalismus und Industrialisierung liegt auch der Ursprung der Klimakrise«.[177] Diese klimapolitische Ungleichheit führt dazu, dass die »Szenarien, vor denen es viele in Deutschland derzeit bangt«, von »Menschen und Ökosystemen im Globalen Süden bereits mehrfach durchlebt« wurden.[178] Frauen, Kolonien und die Natur waren die ersten Zielkörper der Akkumulation durch Enteignung.[179] Ihnen gegenüber steht die liberale Figur des Eigentümers, der sich der Dinge, der Natur und der Menschen bemächtigt. Darein spielen aufklärerische Allmachtsfantasien der Naturbeherrschung. Als Eigentümer darf der Mensch Boden abstecken, ihn als seinen Besitz beanspruchen, ihn auslaugen, bis er keine Nährstoffe mehr bietet. Die Körper, die zur Natur gezählt werden – die rassifizierten, die feminisierten Körper –, dürfen ebenso ausgebeutet werden wie der Boden, den sie bearbeiten. Diese Ungleichmachung setzt sich zu Zeiten der Klimakrise fort. Die Gruppe, die den Großteil der Emissionen verursacht, sind »die reichsten 10 Prozent (630 Millionen Menschen)«, sie sind »für über die Hälfte (52 Prozent) der CO_2-Emissionen zwischen 1990 und 2015 verantwortlich« und das »reichste 1 Prozent allein für 15 Prozent, die ärmere Hälfte der Menschheit nur für 7 Prozent«.[180] Die klimatischen Auswirkungen werden vorrangig von denen verursacht, deren Körper am wenigsten von ihnen belastet sind. Schließlich können sie sich vor ihnen schützen, durch ihre Mobilität, ohne Sorge um Wasser und Nahrung, mit privater Gesundheitsversorgung, die auch in einer Pandemie greift, und ganz praktisch durch technische Vorrichtungen wie Klimaanlagen, die selbst extreme Wetterlagen annehmbar machen. Andersherum werden ebenjene am meisten belastet, die am wenigsten zur Erderwärmung beitragen. In Lateinamerika kommen die engagiertesten Klimaaktivist:innen aus marginalisierten Gruppen, es sind besonders arme, indigene Frauen, die politischen Widerstand leisten.[181] Gerade indigene Aktivist:innen, die sich gegen die extraktiven Produktionsweisen und den Raubbau wie die Brandrodung im Amazonas wehren, erfahren Gewalt bis hin zu Mord.[182] Doch obwohl die Klimakatastrophe nicht gleich auf Körper einwirkt, rückt sie mittlerweile auch denen nahe, die sie bislang als entferntes Phänomen der Zukunft und Problem der Peripherie ansahen. Plötzlich steckt der globale Norden mitten in der Klimakrise mit Extremwetter, Dürre oder Hochwasserfluten wie im Ahrtal im Sommer 2021. Offenbar kommt in den bisher als sicher wahrgenommenen Gebieten der Welt »ein neues Gefühl der Verwundbarkeit«[183] auf, mutmaßt Judith Butler.

In ihren bedrohlichen Ausmaßen macht uns die Klimakrise darauf aufmerksam, dass unsere Körper unausweichlich vom Körper der Erde abhängen. Solange globale Abhängigkeiten einseitig ausgenutzt werden, solange unbegrenztes Wachstum gegenüber nachhaltigem Wirtschaften herrscht, solange der Glaube an technologische Lösungen in ferner Zukunft als Rechtfertigung dient, um den Raubbau unbeirrt weiterzutreiben, bleiben die Klimaveränderungen existenziell bedrohlich. Umso dringlicher wird es, der globalen Abhängigkeiten gewahr zu werden. Für Butler besteht die Aufgabe »nicht darin, Verwundbarkeit in Unverwundbarkeit zu verwandeln«, denn aus »der Erfahrung der Verwundbarkeit« kann Solidarität erwachsen, »ohne die verletzlichen Dimensionen unseres Lebens zu leugnen oder sie zu zerstören«.[184] Unsere Körper sind befähigt, Beziehungsweisen zu wandeln, ihnen wohnt das Wissen um ihre Abhängigkeit inne. Wir sollten von unseren Körpern lernen, von dem eingespeicherten Wissen, das sie miteinander teilen. Wir sollten, schreibt Silvia Federici, auf die Sprache unserer Körper hören, um Wege zur Gesundheit und Genesung zu finden, ebenso sollten wir der Sprache der Natur lauschen, die Heilungswege für den Erdenkörper anklingen lässt.[185] Ihre esoterisch wirkenden Worte weisen zu einer Gleichheit, die aus dem Dazwischen der Körper hervorgeht. Doch welche konkreten Körperpolitiken setzen diesen Gedanken von Gleichheit um? Schnell spekuliert man sehnsüchtig über Utopien einer gerechteren Gesellschaft in ferner Zukunft. Viel naheliegender ist es, von solidarischen Praktiken in gelebten Gegenwarten zu lernen.

4. Solidarische Körper

In der Pandemie erfahren wir unsere Körper als ungleich und gleich zugleich. Sie stößt uns darauf, wie wesentlich es ist, sich solidarisch zu verhalten. Spontane Regungen der Solidarität äußerten sich besonders zu Beginn der Pandemie, als im Frühjahr 2020 Nachbarschaftsinitiativen aufkamen, die ältere, gefährdetere Menschen mit ihren Einkäufen unterstützten. Angesichts der strukturellen Verwundbarmachung von Körpern im globalen Kapitalismus ähneln solche Ausdrücke spontaner Solidarität allerdings einem Tropfen auf den heißen Stein. Wie tief diese Strukturen reichen, wird in den Schattenseiten der Sorgeökonomien und innerhalb der globalen Lieferketten offenbar, die auf der vergeschlechtlichten und internationalen Arbeitsteilung aufbauen. Beide Arbeitsteilungen bestimmen seit den Anfängen der Kapitalismusgeschichte die Produktions- und Gesellschaftsverhältnisse. Solidarität muss bei den Tiefenstrukturen der Ungleichmachung ansetzen, um wirksam zu werden. Ein traditionelles Mittel in der Geschichte der Arbeiter:innenbewegungen, um sich gegen die Ausbeutung und Abschöpfung ihrer Arbeitskraft zu wehren, ist der Streik. Dabei entziehen die Arbeiter:innen ihre Körperkraft der Verwertung, treten so aus der Vereinzelung heraus und verbinden sich kollektiv. Als die Pandemie schlagartig sichtbar machte, wie systemrelevant Amazon-Arbeiter:innen sind, wurden sie sich ihrer Arbeits- und Verhandlungsmacht bewusst.[1] An vielen Orten wehrten sich die Angestellten gegen die Verwundbarmachung ihrer Körper und traten in Streik. Die Stärke der Streikenden liegt darin, sich in der gewerkschaftlichen Vereinigung Amazon Workers International zu verbünden, um gemeinsam gegen das globale Unternehmen Amazon zu agieren.[2] Auch andere Berufsgruppen wehrten sich gegen krankmachende Arbeitsbedingungen, unter ihnen Pflegekräfte und Erntehelfer:innen. Dieses Kapitel widmet sich allerdings einem anderen Streik, der die grundlegende Verkörperung und Verwundbarkeit in den Vordergrund stellt. Es handelt sich um einen Streik, der unzählige Arbeitsformen umfasst, auch jene Arbeiten, die unsichtbar gemacht werden, wie die informelle Arbeit und unbezahlte Sorgearbeit: die feministische Streikbewegung rund um *Ni Una Menos*. Sie wendet sich gegen Feminizide, also den Mord an Frauen. Als Bewegung eines populären Feminismus verbindet sie verschiedene Kämpfe, sie wendet sich gegen die geschlechtliche Arbeitsteilung und Austeritätspolitiken ebenso wie extraktive Ausbeutung der Natur und tritt für ein Recht auf Abtreibung und körperliche Selbstbestimmung ein. Sie begann 2016 in Buenos Aires, seitdem wird dort am 8. März, dem feministischen Kampftag, traditionell gestreikt, indem die Reproduktionsarbeit niedergelegt wird. Seither entfachte der Streik enorme transnationale Triebkraft, er wurde »zu einem Instrument, das der Bewegung von Frauen und widerständigen Körpern auf internationaler Ebene eine neue Richtung gegeben hat, die bis heute anhält«.[3] Diese Proteste wehren sich gegen die strukturelle Verwundbarmachung von Körpern. Gleichzeitig bringen sie neue solidarische Praktiken der Sorge hervor. Die Aufmerksamkeit liegt also auf solidarischen Praktiken, den leisen wie den lauten, die den gleichen Schutz aller in den Vordergrund spielen und sich als egalitäre Körperpolitiken erweisen. Deswegen scheint die feministische Streikbewegung vielversprechend, um nach Anzeichen für einen Universalismus von unten zu suchen. Sie eröffnet eine Perspektive, der dieses Kapitel quer durch solidarische Gefüge folgt, von Anti-Austerität-Protesten und Gesundheitskollektiven hin zu Geflüchtetenprotesten und Klimaaktivismus. Denn einmal darauf aufmerksam geworden, zeigen sich mannigfaltige Momente eines solchen Universalismus. Wenn man jedoch von Universalismus spricht, sollte man von Menschenrechten nicht schweigen. Dass sie bislang ein uneingelöstes Versprechen geblieben sind, macht einen veränderten Blick auf Gleichheit umso notwendiger.

Die Menschenrechte und das Versprechen von Gleichheit und Schutz

Indem der Universalismus von unten den gleichen Schutz aller Körper einfordert, teilt er den Anspruch der Menschenrechte. Schließlich verspricht schon die Allgemeine Erklärung der Menschenrechte von 1948 den Schutz von Menschen, das »Recht auf Leben, Freiheit und Sicherheit der Person« sowie das Recht auf einen Lebensstandard, der »Gesundheit und Wohl gewährleistet, einschließlich Nahrung, Kleidung, Wohnung, ärztliche Versorgung und notwendige soziale Leistungen« und das »Recht auf Sicherheit im Falle von Arbeitslosigkeit, Krankheit, Invalidität oder Verwitwung, im Alter sowie bei anderweitigem Verlust seiner Unterhaltsmittel durch unverschuldete Umstände«.[4] Damit sind die Menschenrechte implizit an die Annahmen einer ontologischen Verwundbarkeit und grundlegender Abhängigkeit aller gebunden. Anders ausgedrückt, »[d]er ohne Zweifel universelle […] Umstand einer typisch menschlichen Verletzbarkeit […] konstituiert eine […] komplexe Abhängigkeit der Menschen voneinander«.[5] Unbestreitbar haben die Menschenrechte in ihrer Geschichte und Gegenwart einen universellen, emanzipatorischen Gehalt. Sie bergen die Idee der ontologischen Verwundbarkeit und versprechen Schutz vor struktureller Verwundbarmachung.

Doch in der politischen Praxis ergeben sich erhebliche Schwierigkeiten: Menschenrechte werden in einer Haltung westlicher Überlegenheit versprochen, dabei werden manche Gruppen strukturell vulnerabilisiert und viktimisiert. Und trotz ihres vollmundigen Versprechens von Gleichheit und Gerechtigkeit bleibt der Zugang zu ihnen ungleich verteilt. Serene Khader hebt hervor, dass Menschenrechtsdiskurse derart mit westlichen Denkmustern verschränkt sind, dass universelle Werte mit weltlichen Lebensweisen gleichgesetzt werden, weswegen sie dazu dienen können, imperiale Interessen durchzusetzen.[6] Zudem sind die Menschenrechte, wie Franziska Martinsen feststellt, an das Eigentumsrecht gekoppelt, wodurch Menschenrechte mit den Eigenschaften der europäischen, bürgerlichen Gesellschaft versehen werden. Dadurch werden andere Lebensformen »als angeblich weniger zivilisiert und damit weniger achtenswert eingeschätzt«.[7] In dieser Haltung westlicher Hegemonie werden Menschenrechte von oben verordnet. Doch Menschenrechte, die von oben gewährt werden, geraten in Widerspruch zu ihrem egalitären, emanzipatorischen Gehalt. Ein ums andere Mal verfestigt das die geschichtlich gewachsenen Machtpositionen. Die Menschen, denen man mit humanitärer Geste Menschenrechte verspricht, werden zu schutzbedürftigen, vulnerablen Subjekten erklärt. Vulnerabilität wirkt dabei als paternalistische Zuschreibung von oben. Ein weiterer Widerspruch der Menschenrechte liegt in dem durch Staatsbürgerschaft beschränkten Zugang. Angesichts der Auswirkungen des Nationalsozialismus und des Zweiten Weltkriegs, die zu einer zuvor ungekannten Anzahl von staatenlosen Menschen führten, weist Hannah Arendt darauf hin, dass es unerlässlich ist, Recht zu haben, um »Rechte zu haben«.[8] Flüchtenden Staatenlosen wird dieses »Recht jedes Menschen, zur Menschheit zu gehören«,[9] verwehrt. Für sie ist es ungleich schwerer, ihre Menschenrechte wahrzunehmen, da sie keine Staatsbürger:innenrechte besitzen, um Erstere einzuklagen. Paradoxerweise sind die universellen Rechte an die partikulare Zugehörigkeit zu einem Staatengebilde gebunden, das sie durchsetzt. Menschen, die an europäischen Grenzen und in Binnenländern interniert sind, wird vonseiten der EU verweigert, ihre Menschenrechte zu achten. Migrantischen Arbeiter:innen, wie denen in Schlachthöfen, wird das Recht verweigert, unter sicheren Bedingungen zu arbeiten. Frauen, die illegalisiert und ohne Papiere in globalen Sorgeketten arbeiten, haben wenig Mittel, sich rechtlich zu wehren, wenn sie Übergriffen und sexualisierter Gewalt ausgesetzt sind.[10] Selbst wenn Personen die Staatsbürgerschaft innehaben, leben sie bisweilen in so prekären Situationen, dass sie schlichtweg keine materiellen Möglichkeiten haben, Anspruch auf ihre Rechte zu erheben. Menschen, die in Feldern der informellen Arbeit tätig sind, können kaum Arbeitnehmer:innenrechte einklagen. Zum Beispiel setzen Vorgesetzte und Fabrikmanager in »Exporthandelszonen wie den 3000 mexikanischen Maquiladoras [...] geschlechtsspezifische Gewalt häufig« ein, »um die Arbeiterinnen zu disziplinieren«, sie »verwenden wiederholte Vergewaltigung, verbale Gewalt und demütigende Leibesvisitationen, um die Produktivität zu steigern und gewerkschaftliche Organisierung zu verhindern«.[11] Nicht allein Arbeitsrecht und Arbeitsschutz werden von materiellen Möglichkeiten bedingt und beschränkt. Das Recht auf Abtreibung – oder ganz allgemein auf medizinische Versorgung – kann nicht wahrgenommen werden, wenn es keine öffentliche Gesundheitsversorgung gibt und die finanziellen Mittel fehlen.[12] Das Recht auf körperliche Unversehrtheit kann nicht eingeklagt werden, wenn die Familie derart verschuldet ist, dass eine Frau ihren gewalttätigen Partner nicht verlassen kann, ohne die Versorgung ihrer Kinder zu gefährden. Die strukturelle Verwundbarmachung von Körpern verfährt darüber, dass die materiellen Bedingungen den Zugang zu Rechten auf Schutz und Selbstbestimmung versperren.

Die Kritik ist an dieser Stelle stark verkürzt. Schließlich sind die Menschenrechte ein mächtiges, emanzipatorisches Mittel für Gleichheit und Gerechtigkeit. Man sollte auch nicht vergessen, dass ihre rechtlichen Fassungen, die seit 1948 bestehen, nicht allein aus hegemonialer Haltung diktiert wurden. Denn die »Institutionalisierung der Menschenrechte« gestaltete sich »wesentlich pluraler und globaler, als es den Anschein hat«.[13] Seit 1945 wirkten damals kolonialisierte »Staaten, Staaten aus dem globalen Süden, westliche Staaten und eine Vielzahl von Diplomat/-innen, Philosoph/-innen, Aktivist/-innen, zivilgesellschaftlichen Bewegungen und NGOs [...] an den Foren, Diskussionen und Konferenzen aktiv« mit, »die die Dokumente und Organe der Menschenrechte gründeten und institutionalisierten«.[14] Seither erweitern sich die Menschenrechte aufgrund von Forderungen, besondere Formen der Ungleichheit zu berücksichtigen, etwa die Situation von Frauen, von Menschen mit Behinderung, von indigenen Gruppen. Sie werden eingesetzt, um gegen unternehmerische Ausbeutung vorzugehen, und eingebunden, um das Klima zu schützen. Man kann diese Erweiterungsbewegungen als einen »Prozess der Universalisierung«[15] begreifen, wie Arnd Pollmann und Christoph Menke vorschlagen. Ähnlich argumentiert Janne Mende, die das Konzept eines vermittelnden Universalismus der Menschenrechte einbringt, der durch Offenheit und Unabgeschlossenheit gekennzeichnet ist. Anstelle eines feststehenden normativen Anspruches braucht der vermittelnde Universalismus »ein Bewusstsein dafür, dass er fehlbar sein kann, dass er Leerstellen aufweisen kann, dass er auf Prämissen beruht, die zur Kritik gestellt werden können – er braucht ein Bewusstsein dafür, dass er unabgeschlossen ist«.[16] Solche Ideen von Menschenrechten, die sich in offenem Prozess erweitern und pluraler werden, speisen die Überlegungen zu einem Universalismus von unten. Doch anstelle der Perspektive auf Rechte und Regierungen, die sie erteilen oder entziehen, führt die Perspektive von unten zur Betrachtung von konkreten Praktiken und Protesten. In Anbetracht der aufgeführten Schwierigkeiten und Selbstwidersprüche der Menschenrechte und ihrer politischen Praxis als Versprechen von oben braucht es genau diese Gegenperspektiven von unten. Forthin folgt der Weg des letzten Kapitels den Graswurzelbewegungen, er führt zu den Praktiken und Protesten, die Körper in ihrem

Sorgebedürfnis behandeln. Zu erkunden sind egalitäre Körperpolitiken, die den Schutz aller Körper und deren geteilte Abhängigkeit in die Aufmerksamkeit rücken. Wenn Solidarität aus dem Wissen der globalen Abhängigkeiten hervorgeht, scheint sie das Bewusstsein zu befördern, dass alle Menschen in ihrem affektiven und körperlichen Leben und Leiden verwundbar, sorge- und schutzbedürftig sind. Wie manifestiert sich solch ein Universalismus von unten in solidarischen Praktiken? Wodurch werden sie zu egalitären Körperpolitiken? Wie werden sie der Gleichheit zwischen Körpern gerecht?

Ni Una Menos: widerständige Körper und solidarische Sorgeökonomien

Trotz der beharrlichen Behauptung, der Kapitalismus sei alternativlos, gibt es durchaus konkrete, verkörperte Alternativen. Besonders eindringlich und eindrucksvoll sind die feministischen Streikpolitiken, die Sorgeverhältnisse grundlegend umgestalten. Die Proteste begannen 2016 in Buenos Aires als kollektiver Akt der Trauer angesichts des Todes von Lucía Perez, einer 16-Jährigen, die vergewaltigt, gefoltert und ermordet worden war.[17] Es war ein weiterer Feminizid, der zunächst Trauer, Lähmung, Angst hervorrief.[18] Doch diesmal kam »die kraftvolle Idee des Streiks«[19] auf. Wenige Wochen zuvor hatten Frauen in Polen zum Streik aufgerufen, um für ihr Recht auf Abtreibung zu protestieren. Ihr Ruf fand ein Echo in Argentinien. Die Proteste entspinnen sich also von vornherein in den Vernetzungen des transnationalen Feminismus, sie vervielfachen sich an verschiedensten Orten, ob in Mexiko, Chile, Spanien oder Österreich. Sie wenden sich gegen die strukturelle Gewalt der Feminizide. Morde an Frauen sind keine individuellen Akte, sie machen ihre Körper zu Schlachtfeldern der männlichen Gewalt. Geschlechterbasierte Gewalt vollzieht einen Akt, der auf die Anerkennung anderer Männer abzielt, stellt Rita Segato fest. Dieser Akt reagiert auf das »Mandat der Männlichkeit«, wobei der Angreifer »seine Potenz durch die Fähigkeit nachweist, die Autonomie des unterworfenen Körpers zu beschädigen und an sich zu reißen«.[20] Diese Potenz der patriarchalen Gewalt ist also nicht allein libidinös, sie ist auch kriegerisch, politisch, ökonomisch und hat eine moralische Dimension.[21] Entlang dieser Lesart von Feminiziden rückt die feministische Streikbewegung die Gewalt gegen feminisierte und queere Körper ins Nahverhältnis zur ökonomischen Gewalt von Austeritätspolitiken. Je mehr den Menschen der Raum zum Leben entzogen wird, umso brutaler wird der Angriff auf Körper, die ontologisch und materiell enteignet sind: Körper der *maquiladoras*, der Fabrikarbeiter:innen, der indigenen Aktivist:innen, der queeren *travesti*.[22] Indem die Proteste aufzeigen, wie Körper durch Arbeitsteilungen und Austeritätsdisziplin strukturell verwundbar gemacht werden, wenden sie sich gegen differenzielle Ausbeutung von Arbeit. Ausgangspunkt für den Streik war eine Frage, die bei frühen Versammlungen auftauchte, als man anfing, sich zu vernetzen: Wie können wir streiken, wenn wir in keiner klassischen Lohnarbeit tätig sind? In der Frage lag schon die Antwort: Es geht ebendarum, durch den Streik diese unsichtbaren Arbeiten sichtbar zu machen.[23] Anstatt dem dreifachen Arbeitstag nachzugehen – »die Arbeit außerhalb der eigenen vier Wände, die Arbeit zu Hause und die affektive Arbeit der Herstellung von Beziehungen [...] der Sorge« –,[24] wurden am Streiktag, dem 8. März, von den Streikenden auch die reproduktiven Arbeiten niedergelegt. Die Frauen, die in den kommunalen Suppenküchen, den *olles cocinas,* für die Gemeinschaft kochen, legten an diesem Tag Lebensmittel und Gemüse vor die Türen, versehen mit einem Zettel: *Heute, am 8. März, geben wir rohes Essen aus – Ni Una Menos.*[25]

Die Streikbewegung setzt sich aus vielzähligen, vielstimmigen Bewegungen zusammen, wie der Erwerbslosenbewegung, der *Piqueteros,* die 2001 in den Anti-Austerität-Kämpfen in Argentinien bewiesen haben, dass man auch außerhalb der Lohnarbeit streiken kann – mit Streikposten in den Straßen statt in den Fabriken.[26] Der feministische Streik greift diese fabrikfernen und straßennahen Streikformen auf. Er wendet sich gegen die differenzielle Ausbeutung prekarisierter und rassifizierter Körper und die extraktiven Enteignungen. Indem er die sozialen Kämpfe durchzieht und verbindet, wirkt er transversal. Diese transversale Bewegung überschreitet die Grenzen der Identitätspolitik, denn der Streik braucht keine gemeinsame Identität als Ausgangslage. Er durchquert die Kämpfe, findet ihre gemeinsamen Anknüpfungspunkte und erkundet ihr geteiltes Begehren danach, die bestehenden Verhältnisse zu verändern. Darin wird deutlich, dass Feminismus ein Anliegen für alle ist. Es handelt sich um einen wortwörtlich populären Feminismus, der sich durch sämtliche soziale Räume bewegt. Diese Vorstellung des feministischen Streiks ist in der »Maquila […] entstanden«, sie »setzte sich zu Hause fort, sickerte in Versammlungen durch, wurde in Gewerkschaften und Stadtteil-Suppenküchen debattiert – und so wurde die Streikidee zum kollektiven Atmen auf den Straßen«.[27] Dabei bildet die Streikbewegung, wie Verónica Gago betont, kein Ereignis, sie besteht in einem Prozess. Es geht nicht um das einmalige Spektakel, sondern um den gemeinsamen Wandel, im Protestieren auf der Straße, im Reden bei Versammlungen, im Kochen für das Kollektiv. Seine transformative Kraft entfaltet der Streik als »praktischer Horizont und zugleich als analytische Perspektive«.[28] Zum einen erlaubt er, im Austausch miteinander die Verhältnisse zu analysieren und kollektive Kritik zu üben. Zum anderen wirkt er sich praktisch auf die Streikenden aus, die sich selbst wandeln, wodurch neue politische Subjektivierungen entstehen. Somit spielen die Streikpraktiken in die Dimension der Affekte von politischen Körpern hinein. Die Kraft seiner Kritik entspringt der Vernunft in ihrer Verkörperung. Verónica Gago beschreibt die Streikbewegung in Begriffen des Begehrens und der Körperlichkeit. Im Vordergrund steht ihr Konzept der *potencia feminista*, der feministischen Potentia. Sie bestimmt *potencia* in Anlehnung an Baruch de Spinoza und Karl Marx, als Kraft des Begehrens, zu handeln, das Mögliche zu erweitern, das Bestehende zu verändern. Diese Kraft des Begehrens »lässt sich niemals losgelöst von ihren Wurzeln betrachten, also von dem Körper«,[29] der immer individuell und kollektiv ist. Die Bewegungen von *Ni Una Menos* eröffnen so neue Blickrichtungen auf politische Körper.

Die Streikenden fechten die strukturelle Vulnerabilisierung an, die sich vollzieht, wenn Ehefrauen oder Partnerinnen gemäß der Idee patriarchaler Verfügungsgewalt wie Besitz behandelt oder queere Menschen als Verworfene verfolgt werden. Sie wehren sich gegen die Vulnerabilisierung und Viktimisierung. Indem sie ihre Trauer gemeinsam auf die Straße tragen, ermöglicht die *potencia,* die sich im kollektiven Handlungsgefüge der streikenden Körper entfaltet, »aus der Trauer herauszutreten« und »unsere Wut auf die Straßen zu tragen«.[30] Als Reaktion auf die Trauer versuchen die Streikenden eben nicht, sich in Phantasmen der Resilienz zu verpanzern. Statt Verwundbarkeit zu verdrängen, wird die Abhängigkeit aller sichtbar. Damit wird Verwundbarkeit zum zweifachen Ausgangspunkt für Handlungsmacht: Zum einen vereint die streikenden Körper, dass sie strukturell vulnerabilisiert werden, wenn auch auf unterschiedliche Weisen. Die Ungleichverteilung von Verwundbarkeit, gegen die sie sich wenden, bietet ihnen einen Einsatzpunkt der Kritik und zum kollektiven Handeln. Zum anderen wird die Abhängigkeit aller Körper zum praktischen Ausgangspunkt für alternative Sorgeökonomien. Darin zeigt sich Verwundbarkeit als Modus der Gleichheit aller Körper. Die solidarischen Streikpraktiken werden zu egalitären Körperpolitiken. Sie bezeugen, dass Verwundbarkeit keinen Gegenpol zur Handlungsmacht bildet, stattdessen erweist sie sich als deren Ermöglichungsbedingung.[31] Dadurch verschiebt sich die Perspektive auf politische Körper. Sie scheinen in ihrer kollektiven Handlungsmacht, ihrer Widerspenstigkeit, ihrer *potencia* auf. Die feministischen Körperpolitiken setzen die Frage, wie Körper ungleich und strukturell verwundbar gemacht werden, in die Mitte ihrer Proteste. Im Zuge dessen thematisieren sie Körperlichkeit. Doch darüber hinaus setzen sie den Körper selbst als Protestmedium ein. Dafür steht die aktivistische, lateinamerikanische Redewendung *poner el cuerpo*, den Körper einsetzen, der die »verkörperte Form von Widerstand«[32] bezeichnet. So beschreibt es Verónica Gago: »Der kollektive und vielfältige Körper der feministischen Bewegung setzt sich heute mit dem Körper im Sinne seiner Handlungsmacht auseinander und verteidigt die Unbestimmtheit dessen, was der Körper werden kann.«[33] Damit schließt die Streikbewegung an die körperpolitische Tradition vergangener feministischer Kämpfe an. In den 1970er-Jahren brachten feministische Bewegungen eine neue Betrachtungsweise von Körpern ein, die sie als *body politics* bezeichneten. Der Begriff *body politics* lehnt sich an die *body politic* an. Doch ins Plural gesetzt verkehrt er die Betrachtungsweise auf Körper. Während die *body politic* und die Biopolitik Top-down-Perspektiven auf Körper einbringen, die ihn als Machtmetapher oder Ausbeutungsinstrument betrachten, ermöglichen die feministischen *body politics* eine Bottom-up-Perspektive. Dabei handelt es sich um eine »Politik ›von unten‹, um Kritik und Widerstand und einen Aktivismus, mit dem bestehende gesellschaftliche Normen und Praktiken verändert werden sollten«.[34] Weit davon entfernt, als reine Metaphern betrachtet zu werden, wurden politische Körper in ihrem Wissen und Eigensinn, ihrem Empfinden und Erleben erkundet. Auf einmal rückten Körper in ihrem Wissen und ihrer Widerspenstigkeit in den Mittelpunkt der Aufmerksamkeit. Den feministischen *body politics* geht es darum, »persönliche und körperliche Erfahrungen zum Ausgangspunkt von Politik zu nehmen«,[35] wodurch Körperlichkeit als Quelle von kollektiver Handlungsmacht erkannt wird. Man wandte sich gegen die Abwertung von Körperlichkeit, die in der bürgerlichen Gesellschaft mit Natur, Gefühligkeit und Weiblichkeit assoziiert wird und aus der Öffentlichkeit ins Private verbannt wurde.[36] *Ni Una Menos* beschwört diese Widerstandskraft von Körpern herauf. Im Zuge dessen verändert sich das Denken politischer Körperlichkeit. Wenn Verónica Gago anmerkt, dass die Streikbewegung »die Unbestimmtheit dessen [verteidigt], was der Körper werden kann«,[37] spielt sie auf eine körperphilosophische Tradition an. Schon im 17. Jahrhundert schrieb Spinoza, »was der Körper alles vermag, hat bis jetzt noch niemand festgestellt«.[38] Der Körper ist weder ein instrumentelles Objekt noch eine in sich geschlossene Einheit. Stattdessen ist er beständig im Werden begriffen. Er ist durch seine Potenzialität bestimmt, da er Kräfte und Befähigungen birgt, die unabsehbar sind.[39] Genau an diese Idee schließt Verónica Gagos Konzept der *potencia feminista* an. Körper erscheinen in ihren unerschöpflichen Möglichkeiten und ihrer kollektiven Handlungsmacht.

Zwei Körperkategorien durchziehen die Vorstellungswelten des Kapitalismus: Auf der einen Seite stehen die Besitz-Körper, über die wie Eigentum verfügt wird. Auf der anderen Seite stehen diejenigen, die über ihren Körper verfügen und andere besitzen. Diese Einteilung hat im Kapitalismus mit seiner umfassenden strukturellen Enteignung der großen Mehrheit eine imaginäre, aber deshalb nicht weniger wirkmächtige Dimension. Sie führt dazu, dass die Körper der einen als »Phantombesitz«[40] der anderen wirken, wie Eva von Redecker schreibt. Diese Körperordnung begründet sich im Eigentumsdenken der Moderne, das bürgerliche, weiße Männer als souveräne Eigentümer-Subjekte deklarierte und feminisierte und rassifizierte Körper als Besitztümer ausmachte. Es ist eine Ordnung, die mit großer Brutalität verteidigt wird. Im Schatten der liberalen Ontologie des Eigentums, wie sie schon Hobbes und Locke entwarfen, bewegen sie sich durch die Bilder- und Vorstellungswelten der Moderne.[41] Diese strukturelle Ungleichmachung von Körpern wird durch die »politische Fiktion der liberalen Gleichheit«[42] verschleiert, kritisiert Verónica Gago. *Ni Una Menos* macht diese Strukturen sichtbar. Die Proteste eröffnen Perspektiven auf politische Körper, weil sie den selbstgenügsamen Einzelkörper infrage stellen. Wie Gago schreibt, wird »eine Beziehung zum Körper vorgeschlagen, die kein Besitzverhältnis ist«, stattdessen handelt es sich »um eine Beziehung zum Körper als Komposition«, denn der »Körper hängt niemals allein von sich selbst ab«.[43] Statt als geschlossene Gebilde erscheinen Körper als Gefüge, immer im Wandel, im Werden, in Bewegung begriffen. Es wird ersichtlich, dass Körper mit ihrer Umwelt verbunden sind und sich mit ihr verändern. In dieser Denkbewegung lösen sich Körper aus der individualistischen Vereinzelung. Durch das Gefüge »eines gemeinsamen Körpers« der Streikenden »entsteht eine Art Resonanz: eine Politik, die den Körper einer einzelnen Frau zum Körper aller macht«.[44] Darin entfaltet sich der Körper als Körper-Territorium, *cuerpo-territorio*, ein Körper-Konzept, das am Ende des Kapitels näher betrachtet wird. In der feministischen Streikbewegung werden weder einzelkämpfende Körper heroisiert noch werden sie in Resilienzfantasien eingepanzert, stattdessen öffnet sich der Blick dafür, wie Körper einander umsorgen, wie sie unweigerlich voneinander abhängen – eben daraus rührt ihre politische Kraft.

Potencia, als Begehren nach Befähigung, nach Bewegung treibt die protestierenden Körper voran. Ein vielstimmiger Ruf von *Ni Una Menos* lautet: *Nos mueve el deseo – Begehren bewegt uns.* Begehren, als soziale Kraft begriffen, bringt kollektive Handlungsgefüge hervor, die andere Formen des Zusammenlebens aufzeigen. Begehren wohnt nicht einem Individuum inne, sondern entspringt selbst dem Dazwischen der Körper. Es bringt wiederum Beziehungen hervor. Und wenn sich diese Beziehungen als solidarisch erweisen, kann sich ein Aufbegehren manifestieren, das alle erfasst, als geteilter Wunsch, das Bestehende zu verändern. Darin zeigt sich Begehren als politische, kollektive Kraft, als *potencia.* Mithin bilden solidarische Beziehungen konkrete, gelebte Alternativen, die sich der neoliberalen Rationalität und ihrem Dogma der Alternativlosigkeit widersetzen. Es ist diese performative Kraft des Begehrens, die neue Ökonomien der Sorge stiftet und Erfahrungswelten der geteilten Verwundbarkeit eröffnet. Dieses transformative Begehren widersetzt sich den sozialen Ordnungen, die sich an der Wertlogik des Kapitals ausrichten. Schließlich bilden die Verhältnisse, in denen Kapital produziert wird, eine bestimmte »gesellschaftliche Beziehung«.[45] Um diese Beziehung besser zu begreifen, bietet sich Bini Adamczaks Begriff der

Beziehungsweise an, den sie an Marx' Konzept der Produktionsweise anlehnt. Dies ermöglicht »nach den Verhältnissen der Beziehungsweisen untereinander zu fragen, nach den Beziehungen der Beziehungen also«.[46] Anders als bei Marx' Begriff der Produktionsweise, ist ihr Begriff der Beziehungsweise nicht auf »die abgegrenzte Sphäre des Ökonomischen« eingeschränkt. Deshalb kann er »die Trennungen reflektieren, die genealogisch in der Konstruktion der Ökonomie als eigenständiger Disziplin und Sphäre anwesend sind«.[47] Im Kern kapitalistischen Wirtschaftens steht die Warenbeziehung, da Menschen ihre Arbeitskraft als Ware veräußern müssen.[48] Die Warenform bestimmt die sozialen Beziehungen, die ebenfalls warenförmig werden. »Die Warenbeziehung etwa, die die komplexen Beziehungsweisen des Geldes, des Kredits, des Kapitals voraussetzt und in sich aufnimmt, erscheint dann als eine, die Menschen verbindet, indem sie sie trennt.«[49] Denn auf der einen Seite »verknüpft sie die Bewohnerinnen der Erde in globalem Maßstab und setzt sie in ein Verhältnis allseitiger Abhängigkeit«, durch globale Waren- und Arbeitsketten, etwa »von Nahrungsmitteln, Kleidungsstücken und Pflegekraft über Wasserversorgung, Elektrizität und Schienennetz bis zu Smartphone, Mailserver und Onlinedienst«.[50] In diesen weitvernetzten Ketten beziehen die

> globalen Produktions- und Distributionsketten […] durch Infrastruktur und Reproduktion, durch Rohstoffabbau und Maschinenbau, durch Verarbeitung, Verpackung und Versand weltweit die Arbeiten von Milliarden von Menschen aufeinander. Wer arbeitet, arbeitet für andere, für die Befriedigung der Wünsche anderer. Andererseits stellt die Warenbeziehung diese allgemeine Abhängigkeit nicht in Form einer kollektiven Aushandlung über die arbeitsteilige Befriedigung der Bedürfnisse her, sondern in Form eines verdinglichten Verhältnisses, nicht in Form eines gemeinsamen Miteinanders, sondern in Form einer individuellen Unabhängigkeit voneinander. Die Warenbeziehung erschafft Warenmonaden.[51]

Somit »verwandelt sich das gemeinschaftliche Miteinander […] nicht nur in individualisierte Autonomie voneinander, sondern auch in rivalisierenden Kampf gegeneinander«.[52] Der Begriff der Beziehungsweisen vermag es, die Einhegungen und Verknappungen von Beziehungen aufzuzeigen, zugleich eröffnet er Aussichten auf solidarische Praktiken und alternative Sorgeökonomien. Denn Beziehungsweisen und Solidarität sind unauflöslich miteinander verbunden. Solidarität bildet ein »Beziehungsgeschehen, aus den kollektiven Handlungen erwachsen«.[53] Dieser Gedanke schließt an die Beobachtungen von Verónica Gago an. Sie beschreibt die Streikbewegung als »situiertes Gefüge kollektiver Intelligenz«, deren »Handlungsmacht des gemeinsamen Denkens« im Körper spürbar wird.[54] Eindrücklich schildert sie, wie die Versammlungen, die geteilte Sorgearbeit, die dedomestiziert und in den öffentlichen Raum getragen wird, und das gemeinsame Protestieren auf der Straße ein Geflecht an solidarischen Praktiken bilden. Diese schreiben sich schließlich in die Körper ein und rufen affektive Gegen-Habitualisierungen hervor, welche sich gegen die Vereinzelung und Verwundbarmachung der sorgenden Körper wenden. Verónica Gago betont vor allem die Versammlungen »in Suppenküchen, in Armenvierteln, an Arbeitsplätzen, in Schulen, in Gewerkschaften, auf öffentlichen Plätzen«.[55] Sie bilden Orte der Vielsprachigkeit und Vielstimmigkeit, bei denen sich die Erzählungen der Einzelnen ineinander verflechten, da das gemeinschaftliche Nachdenken die Tiefenstrukturen der strukturellen Verwundbarmachung sichtbar macht, welche die einzelnen Körper miteinander verbindet.[56] Die kollektive Kritik legt offen, wie die Logik des Kapitals Körper vereinzelt und verwundbar macht. Gleichsam entstehen im Dazwischen der Körper »solidarische Beziehungsweisen«.[57] Sie bilden sich in der »Körper-zu-Körper-Arbeit«[58] der Versammlungen heraus: »Die Versammlung ist der konkrete Ort, wo Worte nicht vom Körper getrennt werden können. Wo die eigene Stimme zu erheben bedeutet, zu gestikulieren, zu atmen, zu schwitzen und zu spüren, dass die Worte gleiten und in den Körpern anderer aufgefangen werden.«[59] In diesem Dazwischen der Körper entfalten sich solidarische Praktiken, die performativ und transformativ sind.[60] Sie sind performativ, weil sie in ihrem Vollzug neue Beziehungsweisen herstellen, die aus der geteilten Verwundbarkeit herrühren. Sie sind transformativ, weil sie sich der bestehenden Beziehungsweise der Warenform widersetzen und egalitäre Körperpolitiken hervorbringen. Eben darin scheinen Anzeichen eines Universalismus von unten auf.

Dessen Spuren zeigen sich im Zusammenspiel der negativ-kritischen Tendenz und der transformativ-performativen Tendenz. Die negativ-kritische Tendenz äußert sich darin, die herrschenden Verhältnisse in ihren Ungleichheitsstrukturen anzufechten und aufzuzeigen, wie bestehende universalistische Normen Ungleichmachungen übersehen. Im Falle von *Ni Una Menos* betrifft das besonders die geschlechtliche und die internationale Arbeitsteilung. Dabei fallen die erste und zweite Tendenz zeitlich zusammen. Denn im Versammlungsmoment artikuliert sich eine vielstimmige Kritik an mangelnder Gleichheit, da die Versammelten ihre Ausbeutungserfahrungen gemeinsam analysieren und reflektieren. Eben weil sich die vielen Stimmen im kollektiven Austausch über ihre Verwundbarkeit verbinden, erweitert das kritische Vermögen ihr kollektives Handlungspotenzial.[61] Die erste Tendenz enttarnt, wie die Körper, die diese Welt bevölkern, trotz der Gleichheitsversprechen der Menschenrechte aufgrund der geschlechtlichen und internationalen Arbeitsteilung ungleich gemacht werden. Hieraus entstehen neue Kritikformen, die diese Arbeitsteilungen in transnationalen, transversalen Perspektiven anfechten. Es bleibt aber nicht bei hervorgebrachten Analysen und Argumenten, denn die Bewegung erfasst die Körper, angetrieben vom Begehren nach Veränderung. Hierbei wird die zweite Tendenz wirksam: Durch die transformative Kraft des Begehrens nach anderen Beziehungsweisen entstehen neue Sorgeverhältnisse und affektive Gegen-Habitualisierungen. Vor diesem Hintergrund zeigt sich Solidarität als Sorgepraxis, die sich an der ontologischen Verwundbarkeit orientiert, um die strukturelle Verwundbarmachung von Körpern zu bekämpfen. Entlang dieser transformativ-performativen Tendenz entfalten sich »neue Formen von Verkörperung«,[62] die der unwiderruflichen Verbundenheit zwischen Körpern gewahr werden. Diese Bewegung affiziert nicht allein die Körper der sich Versammelnden. Sie vermag es, Körper in weiter Ferner mitzureißen, denn die Streikbewegung und ihre Versammlungen »produzieren neue Bilder einer Gegenmacht«.[63] Sie bringen neue Bilder von Kollektivität und Körperlichkeit hervor, die fortan im globalen Kreislauf der Körperbilder zirkulieren. Neben alternativen Körperkonzepten wie dem *cuerpo-territorio* führt die feministische Streikbewegung ein kritisches Vokabular des Begehrens und der *potencia* ein, das anschlussfähig für andere soziale Kämpfe ist. Es erweitert die Betrachtungsweisen von Arbeit und Gewalt, Austerität und Ökonomie. Demnach spielt die Streikbewegung in alle vier Dimensionen politischer Körper hinein, sie wendet sich erstens gegen die Repräsentation von Körpern als isoliert und selbstgenügsam, sie wehrt sich zweitens gegen die strukturelle Verwundbarmachung und Ungleichmachung, drittens entwirft sie neue Perspektiven auf die Produktivkraft von Körpern und zeichnet deren verstrickte Ausbeutungsverhältnisse nach, viertens ermöglicht sie affektive Gegen-Habitualisierungen. Dadurch wirkt die feministische Streikbewegung als präfigurative Politik, durch die Spuren eines Universalismus von unten aufscheinen. Schließlich führt sie vor, wie sich Menschen in alternativen Ökonomien organisieren, in denen die Sorge umeinander im Mittelpunkt steht. In ihnen scheint die Gleichheit zwischen Körpern auf, die von Praktiken der rückhaltlosen, unbedingten Solidarität getragen wird.

Solidarität ist eines der sagenumwobenen Schlagworte, das sich durch Geschichte und Gegenwart bewegt. Als Begriff, der starke affektive Strahlkraft birgt, wird er gern in Anschlag gebracht, um an Gemeinschaftsgefühle zu appellieren. Die EU-Kommissarin Ursula von der Leyen sprach von »flexibler Solidarität«, die sich nicht an Geflüchtete, sondern an die Regierungen der EU-Mitgliedsstaaten richtet, um Wege für eine »technokratische Migrationsregulierung«[64] und ein geregeltes Abschiebesystem zu finden, womit es mitnichten um die Wahrung der Menschenrechte geht. Während Russland die Ukraine angreift und Menschen massenhaft fliehen, wollen manche die Solidarität nicht für Schwarze und muslimische Flüchtende gelten lassen, ihnen soll weder Asyl noch Schutz vor dem Krieg gewährt werden. Und in rechten Kreisen ruft man seit Jahren zur ›nationalen Solidarität‹ auf, die sich auf das Phantasma eines ›Volkskörpers‹ richtet. Wie diese drei Beispiele bezeugen, erfreut sich der Solidaritätsbegriff großer Beliebtheit und Beliebigkeit. Ihnen ist eines gemein: Sie begrenzen und bedingen Solidarität, kaum dass sie dazu aufgerufen haben.

Solidarität wird jedoch selbstwidersprüchlich, wenn man sie auf die Körper beschränkt, die einem am nächsten stehen und am ähnlichsten aussehen. Um ihrem emanzipatorischen Gehalt gerecht zu werden, muss Solidarität global und grenzenlos sein, ohne an Bedingungen der Gemeinschaft und Gemeinsamkeit gebunden zu sein. Lea Susemichel und Jens Kastner sprechen deswegen von unbedingter Solidarität.[65] Sie beruht auf Kontingenz und geht nicht davon aus, dass Menschen eine Gruppenidentität teilen müssen, um miteinander solidarisch zu sein.[66] Stattdessen bildet Solidarität ein Beziehungsgeschehen,[67] das voller epistemischer Reibungen ist, die durch unterschiedliches situiertes Wissen entstehen, ein Beziehungsgeschehen, in dem andauernd asymmetrische Positionen und Privilegien, Fragen der Arbeitsteilung und der unterschiedlichen Bedürfnisse ausgehandelt werden. Konflikte stehen nicht im Gegensatz zur Solidarität. Ganz im Gegenteil bilden sie deren Ermöglichungsbedingung, weil sich in ihnen solidarische Beziehungsweisen erst entwickeln.[68] Da sich Solidarität in Beziehungen abspielt und diese verändert, ist sie weit davon entfernt, frei von Gefühlen zu sein. Vielmehr werden die Körper in ihrem affektiven Geschehen erfasst, im Versammeln und Diskutieren, im Kochen und Aufräumen, im Zuhören und Umarmen. Solidarische Körpernähe entspringt nicht ausschließlich der Präsenz von solidarischen Körpern. Transnationale Proteste, die sich an anderen Orten der Welt gegen die Verwundbarmachung von Körpern wenden, verbinden auch Körper, die weit voneinander entfernt sind. Das solidarische Miteinander der sorgenden und umsorgten Körper ermöglicht ein neues Körperwissen. Mithin wird deutlich, dass Kritik und Affektivität in solidarischen Beziehungsweisen zusammenspielen. Indem Körper einander affizieren, entwickeln sich kollektive Reflexions- und Kritikformen, die wiederum auf das Empfinden und die Wahrnehmung einwirken. Der solidarische Umgang ergreift uns affektiv, körperlich und gedanklich, er regt kritische Reflexionen an und gestaltet Selbst- wie Weltwahrnehmung um, dahingehend hebt Solidarität die Trennung zwischen Affekten und Vernunft auf und zeigt ihr Zusammenspiel.[69] Ebenso unterwandert sie die phantasmatischen Trennungen von Selbst und Anderem, Eigenem und Fremdem. Schließlich unterscheidet sie sich scharf vom Mitleid, von der Aufopferung für andere. Stattdessen zielt sie auf Kooperation ab, hebt Rahel Jaeggi hervor.[70] In dieser Ausrichtung läuft die Unterscheidung von Altruismus und Egoismus ins Leere, da sich in solidarischen Praktiken schwerlich zwischen eigenen Problemen und den Problemen anderer unterscheiden lässt. Es geht um die gemeinsame Sache, wenn auch von verschiedenen Ausgangspositionen aus. Somit ist Solidarität, wie Stephan Lessenich festhält, kooperativ, performativ und transformativ. Sie ist kooperativ, da »die Idee wechselseitiger Verbundenheit nicht im Sinne eines stellvertretenden Einstehens für die Belange anderer, sondern des gemeinsamen Eintretens für beiderseitig geteilte Belange ausbuchstabiert wird«; sie ist performativ, weil »das Bewusstsein wechselseitiger Verbundenheit nur im Akt des gemeinsamen Eintretens für geteilte Belange wächst«; sie ist transformativ, indem sie auf die »grundlegende Veränderung des gesellschaftlichen Systems ungleicher Lebenschancen«[71] abzielt. Außerdem ist Solidarität nicht nur kritisch und reflexiv, sie ist auch affektiv und wird stets verkörpert. In all ihren Wirkungsweisen wendet sich Solidarität gegen die Vereinzelung und Verelendung von Körpern.

Im Römischen Reich bezeichnete Solidarität ein Schuldnerbündnis, ein Zusammenschluss aus Verschuldeten, die sich entschieden, die Last ihrer Schulden gemeinsam zu schultern.[72] Diese begriffsgeschichtliche Bindung von Schulden und Solidarität ist bemerkenswert, und zwar aus zwei Gründen: Zum einen erschweren es die Vereinzelungseffekte, die aus Verschuldung entstehen, solidarische Bündnisse zu bilden. Zum anderen bieten solidarische Verbindungen das beste Mittel gegen die vereinsamenden, krankmachenden Symptome von Schulden. Besonders im Zeichen neoliberaler Austeritätsdisziplin wurde die Idee des eigenverantwortlichen Individuums, das seine

Schuldenlast allein stemmt, vorherrschend. Indem Schulden als individuelles Schicksal dargestellt werden, verstärkt sich die moralische Verfemung der Verschuldeten. Doch Menschen begehren gegen diese disziplinierende Einschreibung von Schuld und Schulden auf. Es gibt unzählige Beispiele von solidarischen Gefügen, die sich gegen Schuldenökonomien wehren. Seit den 1980er-Jahren bieten die *ollas communes* alternative Sorgeökonomien, die sich gegen die Finanzialisierung der Reproduktionsarbeit wenden, sie tragen die Sorgearbeit in die öffentlichen Räume und in die Mitte des Gemeinwesens.[73] Ferner gibt es Initiativen, die sich der Rolle der disziplinierten Schuldner:innen verwehren, beispielsweise die *Plataforma de Afectados por la Hipoteca*, die in Spanien inmitten der Immobilienkrise von 2009 aufkam. Die PAH-Bewegung eignete sich die Häuser an, die von Kreditgebern enteignet wurden. Vehement verfolgte sie den Anspruch, dass Menschen das Recht auf ein Zuhause haben. Das führt zu einem breiten egalitären Anspruch, denn die »Notwendigkeit eines Dachs über dem Kopf, ein konkretes körperliches Bedürfnis schlägt eine Brücke zu der Forderung, das gesellschaftliche und politische Leben auf egalitärer Grundlage zu organisieren, um jenes Bedürfnis zu befriedigen«.[74] In Argentinien, wo sich die Schuldenspiralen infolge von Wirtschaftskrisen und Austerität immer schneller drehen, gründen sich Schuldner:innenkollektive, die für ein kommunales Vermögen zusammenlegen. Sie verwenden es, um die Ratenzahlungen der einzelnen Mitglieder abzulösen, zum Beispiel Praktiken des *pasanukas.*[75] Sie entlasten die Einzelnen, da sie Schuldenlasten gemeinsam stemmen und sich so aus der Spirale der Zinserhöhung befreien, die bei verzögerter Ratenzahlung droht. Indem sie sich zusammenschließen, gewinnen sie ein Stück Selbstbestimmung gegenüber den asymmetrischen Abhängigkeiten zurück, in die sie die Verschuldung drängt. Diese Handlungsmacht rührt aus der Verbündung her, denn diese überwindet die Vereinzelung, die im Zeichen der Schuldenmoral und der entrepreneurialen Eigenverantwortung vonstattengeht. Darin äußert sich die kritisch-negative Tendenz. Solche solidarischen Gefüge, die sich der strukturellen Verwundbarmachung durch Verschuldung widersetzen, vermögen es aber auch, eine »alternative Ökonomie von Körpern«[76] herzustellen, wie Athena Athanasiou und Judith Butler im Blick auf die Anti-Austerität-Kämpfe bemerken, die sich 2011 in Griechenland ereigneten. In diesen Straßenprotesten der besetzten Plätze wird die geteilte Verwundbarkeit der versammelten Körper zum Ausgangspunkt einer kollektiven, verkörperten Handlungsmacht.[77] In dieser alternativen Ökonomie der Körper tritt erneut die transformativ-performative Tendenz eines Universalismus von unten hervor.

Doch es sind nicht allein die verschuldeten Menschen, die aufbegehren und in solidarischen Bündnissen Spuren eines Universalismus von unten aufscheinen lassen. Ganz deutlich manifestieren sich egalitäre Körperpolitiken, wenn das psychische und physische Wohlergehen in den Mittelpunkt rückt. Deshalb drängen sich als Beispiel die zahlreichen Initiativen und Organisationen auf, die sich dem Schutz aller Körper verschreiben, indem sie sich für gleichen Zugang zur Gesundheitsversorgung einsetzen. Um zur Geschichte von Griechenland zurückzukehren: Als die Austeritätspolitiken rund einem Drittel der griechischen Gesellschaft die Gesundheitsversorgung entzogen – wobei illegalisierte Geflüchtete nicht mitgerechnet wurden –, entstanden quer durch das Land solidarische Gesundheitsversorgungen.[78] Die Sozialen Solidaritätskliniken und Solidaritätsapotheken waren »die Antwort auf das handfeste soziale Bedürfnis, allen Menschen, die aus der Gesundheitsversorgung ausgeschlossen waren, Zugang zur medizinischen Grundversorgung zu ermöglichen«.[79] Im Zuge dessen wurden sie zu »Keimzellen des Widerstands und der Artikulation gesellschaftlicher Forderungen«, denn die »Losung ›Keiner darf in der Krise allein gelassen werden‹ artikulierte eine konkrete Solidarität«. Diese Losung hob hervor, dass »Krise, Arbeitslosigkeit und Verarmung keine Sache von Privatpersonen war«, sondern »ein »gesellschaftliches Problem«, das »kollektiv angegangen werden« musste.[80] Die erste Solidaritätsklinik wurde 2008 auf Kreta gegründet, es folgten schnell weitere, die sich landesweit vernetzten. Dabei leisteten die Kliniken »durch ihre konkrete Arbeit Widerstand«, denn sie »erteilten dem neoliberalen Credo, Gesundheit sei eine Sache des Einzelnen, für die man bezahlen muss, eine klare Absage«.[81] Ihrem Anspruch nach darf gesundheitliche Fürsorge kein Privileg sein, das man sich durch Privatzahlungen verdienen muss, sie ist ein Recht, das allen Menschen zusteht. Diese egalitäre Ausprägung besteht auch in den transformativen Beziehungsweisen, die das solidarische Gefüge stiftet: Um dem gesellschaftlich etablierten Ungleichverhältnis zwischen Ärzt:innen und Patient:innen entgegenzuwirken, orientierte man sich am Prinzip des Mitspracherechts. Dadurch »bekamen die Beziehungen zwischen Ärzt:innen und Patient:innen eine neue Prägung, weg von Machtausübung und Hierarchie (durch die Expertenautorität) und weg von kommerzieller Transaktion (Gesundheit als teuer bezahlte Ware)«.[82] Im Kontrast zu diesem kommerzialisierten Expert:innen-Patient:innen-Verhältnis war man »hartnäckig bestrebt, zwischen jenen, die Hilfe leisten, und jenen, die sie empfangen, genossenschaftliche und gleichberechtigte Beziehungen herzustellen – im gemeinsamen Kampf, das Recht auf Gesundheit zu verteidigen«, auf einmal konnten »Patient:innen, bislang bloß passive Zuschauer:innen und Opfer der Krise«, aktiv am »Kampf gegen die Folgen der Krise« mitwirken.[83] Gerade durch das »kollektive Handeln [...] wurden die Sozialkliniken zu Orten der Emanzipation«.[84]

Beispiele für kollektive Gesundheitsversorgung finden sich quer durch die Welt. Während manche Organisationen global agieren, sind andere lokal organisiert wie das Gesundheitskollektiv Neukölln, das in Berlin ein Stadtteilzentrum für Gesundheit aufbaut. Im Mittelpunkt ihrer Arbeit liegen medizinische Versorgungsmöglichkeiten. Nicht minder wichtig sind für sie die »gesellschaftlichen Bedingungen von Gesundheit – von der lokalen bis zur globalen Ebene«, denn »politische und soziale Faktoren wie Mietsteigerungen, geringes Einkommen, prekäre Beschäftigungsverhältnisse, Rassismus oder Altersarmut« greifen die Gesundheit stärker an »als die Qualität der medizinischen Versorgung allein«.[85] Angesichts dessen arbeitet das Gesundheitskollektiv daran, »kollektive Lösungsstrategien für gemeinsame Problemlagen zu entwickeln«, indem sie sich »aktiv an aktuellen politischen Auseinandersetzungen beteiligen« und indem sie ihre »Versorgungspraxis an den Bedürfnissen der Besucher_innen orientieren und mit ihnen gemeinsam weiterentwickeln«.[86] In diesem Bestreben wollen sie eine »konkrete Alternative zu den derzeitigen ambulanten Versorgungsstrukturen entwickeln, in der Profitinteressen keinen Platz haben [...] und Gesundheit als Allgemeingut verstanden wird, das mit den Menschen für die Menschen organisiert wird«.[87] Ähnlich wie bei den Sozialen Solidaritätskliniken in Griechenland richtet sich die Aufmerksamkeit auf gleichberechtigende Beziehungen, um Gesundheit als Sache des Gemeinwohls anzugehen.

Diese politische Perspektive auf Gesundheit erweitert deren Verständnis. Gesundheit ist ein Menschenrecht, das mehr umfasst als die Abwesenheit von Krankheit. Das besagt bereits die Erklärung der Weltgesundheitsorganisation von Alma-Ata von 1978. Darin wird Gesundheit als »Zustand völligen körperlichen, seelischen und sozialen Wohlbefindens und nicht nur das Freisein von Krankheit oder Gebrechen«[88] bestimmt. Sie ist ein grundlegendes Menschenrecht. Dessen »Verwirklichung [erfordert] Anstrengungen nicht nur der Gesundheitspolitik, sondern auch vieler anderer sozialer und ökonomischer Bereiche«, denn die »schwerwiegenden Ungleichheiten in Bezug auf den Gesundheitszustand der Menschen [...], sind aus politischer, sozialer und ökonomischer Sicht nicht hinnehmbar«.[89] Ihre Bekämpfung bildet ein globales Anliegen. Die Erklärung von Alma-Ata schließt mit den Worten: »Eine wirtschaftliche und soziale Entwicklung auf der Grundlage einer neuen Weltwirtschaftsordnung ist von grundlegender Bedeutung für die möglichst weitgehende Verwirklichung von Gesundheit für alle [...].«[90] Dieses politische Verständnis erweitert auch die aktivistische Praxis. Ein Beispiel dafür bietet medico international, eine 1968 in Frankfurt am Main gegründete Hilfs- und Menschrechtsorganisation. Im Vordergrund steht das Anliegen, das Menschenrecht auf Gesundheit global zu verwirklichen. Das beinhaltet eine Bandbreite an Aktivitäten, die allesamt Gesundheitsaspekte umfassen. Zum einen leistet medico international in diesen Kooperationsnetzen Nothilfe in Katastrophenlagen und unterstützt Gruppen und Projekte, um langfristige Strukturen für Gesundheitsversorgung und psychosoziale Arbeit aufzubauen. Zum anderen sollen Öffentlichkeitsarbeit und Kampagnen kritisch in gesellschaftlichen Aushandlungen intervenieren. Angelehnt an die WHO-Erklärung von Alma-Ata stellt Gesundheit für medico international eine immanent politische Angelegenheit dar, die von »ausreichender Ernährung, menschenwürdigen Wohnverhältnissen, einem angemessenen Einkommen, dem Recht auf Teilhabe an einem freien, gerechten und sicheren Gemeinwesen sowie der Achtung der individuellen und sozialen Menschenrechte abhängig ist«, deshalb erfordert das »Eintreten für Gesundheit [...] den Kampf gegen eine globale Wirtschaftsordnung, die das Soziale dem Diktat der Ökonomie unterordnet«.[91] Es geht also konkret darum, Körper, die durch die Verwertungslogik des Kapitals versehrt und verelendet werden, in ihrer geteilten Verwundbarkeit anzuerkennen und ihnen Sorge zukommen zu lassen. Denn »Politik und Ökonomie machen auch vor dem menschlichen Körper nicht halt«. Damit wird die »Physis [...] zum Bio-Kapital, das genetische Substrat zum profitablen Gut und das Recht auf Gesundheit zur Pflicht, den eigenen Körper komplett dem ökonomischen Verwertungsprozess verfügbar zu halten«.[92] Medico international setzt auf transformative Beziehungsweisen anstelle von Top-down-Modellen. Die Organisation begreift ihre Arbeit als »solidarisches und kooperatives, nicht aber als ein technisch-pragmatisches Handeln, durch das bedürftige Menschen auf den Status von bloßen Hilfsempfängern reduziert würden«.[93] Dabei zeigen sich die kritisch-negative und die transformativ-performative Tendenz zusammen, denn für medico international besteht die »doppelte Aufgabe« darin, die »herrschende ›Vernunft‹ kritisch-analytisch zu durchkreuzen und das Soziale mit exemplarischen Projekten und der gezielten Unterstützung widerständiger Bewegungen zu rekonstruieren«.[94]

Solche solidarischen Gefüge erweisen sich ganz unmittelbar als egalitäre Körperpolitiken. Ihr Anliegen ist, gesundheitlichen Schutz und affektive Sorge für alle zugänglich zu machen, die von staatlichen und zunehmend privatisierten Gesundheitssystemen ausgegrenzt werden: seien es Menschen in Katastrophengebieten, seien es geflüchtete Menschen, denen die Versorgung verweigert wird, seien es Menschen, die zwar über eine Staatszugehörigkeit verfügen, aber durch die Verknappung von staatlichen Gesundheitsleistungen nicht in der Lage sind, privatisierte Zusatzkosten für medizinische Behandlungen zu zahlen. Die solidarischen Gesundheitskollektive begreifen Verwundbarkeit nicht als individualisiertes Schicksal, sondern als geteilte Bedingung des Lebens und somit als gemeinsame politische Sache. Den Anspruch auf Gleichheit, der aus der ontologischen Verwundbarkeit aller Körper erwächst, setzen sie ganz praktisch in egalitären Körperpolitiken um. Hierhin zeichnen sich deutliche Spuren des Universalismus von unten ab. Auch sie zeigen auf, wie Gesundheit, Körper und Ökonomie ineinander wirken. Im Gegensatz zu der austeritätspolitischen Privatisierung von Gesundheit, die zur gesellschaftlichen Gesundheitsgefährdung wird, ermöglichen sie solidarische

Ökonomien der Sorge, welche der Gleichheit aller Körper gewahr werden. Die Gesundheitskrise der Pandemie wurde ausgelöst durch Covid-19, aber sie wurde um ein Vielfaches verschlimmert durch die unter dem Austeritätsdiktat marode gemachten Sozialstrukturen. Ihr Ausmaß führt vor Augen, wie sehr eine Abkehr vom austeritären Ausverkauf des Sozialen geboten ist. Es bedarf einer soliden, solidarischen Gesundheitsversorgung, die auf Gemeinwesen und Gemeinwohl anstelle von Profit und Prekarisierung aufbaut.

Der Schutz von Körpern steht nicht allein bei Initiativen der kollektiven Gesundheitsversorgung im Vordergrund, auch andere Solidargefüge greifen dort ein, wo Menschen ihre Rechte verweigert werden. Einer der größten Widersprüche der Menschenrechte liegt, wie oben diskutiert, im Verhältnis zu den Bürgerrechten.[95] Dieser Widerspruch lastet auf flüchtenden Menschen, gefangen im Lagersystem der Grenzregime, denen Gesundheitsversorgung ebenso verweigert wird wie menschenwürdige Unterbringung, sauberes Wasser, ausreichend Essen, Bildung und Bewegungsfreiheit – allesamt Güter, die ihnen gemäß den Menschenrechten zustehen. Die Grenzpolitiken der EU bieten ein besonders drastisches Beispiel. Doch diese menschenrechtsverachtenden Missstände setzen sich innerhalb Europas fort, in überfüllten Unterbringungen bei eingeschränkter Bewegungsfreiheit. Grell zeigt sich, wie stark Grenzregime Flüchtende strukturell verwundbar machen. Indessen bringt die Vulnerabilitätszuschreibung Schwierigkeiten mit sich. Gerade Geflüchtete werden als vulnerable Gruppe eingeordnet, doch derartige Zuschreibungen, meist von Medienbildern hilfloser Menschenmassen begleitet, vertiefen die strukturelle Verwundbarmachung, da Geflüchtete nicht als sprechfähige, politische Subjekte anerkannt werden. Diese Haltung übersieht erneut deren Handlungsmacht und Wissen. Robin Celikates schreibt, dass »alternative Standpunkte«, die von »Angehörigen unterdrückter Gruppen« eingebracht werden, gegenhegemoniale »Formen des Wissens und Praktiken der Kritik« aufzeigen, die eine »signifikante Gesellschaftskritik ›von unten‹ möglich machen«.[96] Im Falle von Geflüchteten sind dies etwa schmerzhaft genaue Kenntnisse und Wissen über die Grenzregime, die aufzeigen, dass der Krisenzustand, den die EU postuliert, »kein momentaner Zusammenbruch eines ansonsten funktionierenden Grenzregimes ist«, sondern »eine Struktur darstellt«.[97] Diese Wissensproduktion von unten geht mit politischen Forderungen einher, beispielsweise nach Bewegungsfreiheit. Diese wird im deutschen Migrationssystem durch die sogenannte Residenzpflicht eingeschränkt, wogegen sich 2013 zahlreiche Geflüchtete zur Wehr setzten.

Sie forderten ein Ende der Residenzpflicht und protestierten gegen das Lagersystem, das Asylsuchende in beengten Sammelunterkünften einsperrt. Nachdem sich Geflüchtete aus verschiedensten Lagern zusammenschlossen, um im zivilen Ungehorsam die Regeln der Residenzpflicht zu brechen, organsierten sie einen Marsch nach Berlin. Dort besetzten sie bis 2014 den Kreuzberger Oranienplatz in Berlin und gründeten, neben anderen Aktionen, die Zeitschrift *Daily Resistance*.[98] Die Aktivistin Napuli Langa beschreibt, wie sich die Protestierenden basisdemokratisch organisierten, in großen Versammlungen und kleineren Arbeitsgruppen, ohne feste Sprecher:innen. Zugleich mussten sie erfahren, wie der unterschiedliche Asylstatus unter den Anwesenden zu Spaltungen und Konflikten führte, die der Berliner Senat schürte, um den Platz räumen zu lassen. Im Blick auf Unterstützer:innen bemerkt Napuli Langa, wie diese bisweilen wortlos begriffen, dass es um geteilte Ziele geht. Mit diesem Blick auf die solidarischen Beziehungsweisen schreibt sie, dass der Kampf für Menschenrechte auf der Entwicklung von sozialen Beziehungen aufbauen muss.[99] In diese Kämpfe spielt Körperlichkeit vielfach hinein: Um sich gegen die strukturelle Verwundbarmachung ihrer Körper zu wehren, setzten die Protestierenden ihre Körper ein; indem sie quer durch das Land zogen und über Monate den Oranienplatz und andere Orte wie ein Schulgebäude besetzten. Hierbei wird Verwundbarkeit verkörpert, sie manifestiert sich, wie Judith Butler anmerkt, in der politischen Forderung und im Akt des Widerstands.[100] Ähnlich wie bei *Ni Una Menos* zeigt sich Verwundbarkeit nicht als Gegenpol zur Handlungsmacht, sondern als Ausgangspunkt für solidarische Handlungsgefüge. Dabei bilden Körper das Medium des Protests, deren Performanz die herrschenden Sprechordnungen aufbricht. In den Aushandlungen über Migrations- und Grenzpolitiken verweigerte man Geflüchteten die Anerkennung als politische Subjekte und ignorierte ihr Wissen. Stattdessen wurden sie auf das Bild der amorphen Masse reduziert. Um die Brutalität dieses Schweigenmachens sichtbar werden zu lassen, nähte sich eine Gruppe in einem Lager in Würzburg 2012 den Mund zu. Andere Aktivist:innen nahmen diesen Impuls auf. In Calais hielten 2016 iranische Aktivist:innen mit zugenähten Mündern Schilder hoch, auf denen »will you listen now?« geschrieben stand.[101] In der widerständigen Performanz ihrer Körper prangerten sie das Sprechregime an und durchbrachen es zugleich, da sie sich schweigend eine Stimme gaben.[102] Man kann Geflüchtetenbewegungen und auch Hilfsorganisationen wie Sea-Watch, eine Initiative, die Seenotrettung auf dem Mittelmeer leistet,[103] als Manifestationen eines

Universalismus von unten betrachten. In kritisch-analytischer Tendenz wenden sie sich gegen die Widersprüche der EU, die sich auf Menschenrechte beruft und grenzpolitisch beständig gegen sie verstößt. In ihrer Kritik legen sie die Nekropolitiken offen, die im Schatten der EU-Reden der »flexiblen Solidarität« stattfinden und Menschen als reine Körpermassen verwalten, deren Sterben mutwillig einkalkuliert wird. Gleichsam bilden sie Gegenbeispiele. In transformativ-performativer Tendenz baut dieser Kampf für Menschenrechte auf sozialen Beziehungen auf, die im gemeinsamen Protestieren solidarische Beziehungsweisen stiften.

Bei Hilfsorganisationen wie Sea-Watch sind diese Beziehungen stärker asymmetrisch, auf der einen Seite die Helfenden, auf der anderen Seite diejenigen, die in größter Notlage auf hoher See gerettet werden. Man erkennt den Anspruch egalitärer Körperpolitiken, doch die Aufmerksamkeit muss auch auf dem Miteinander, auf dem Beziehungsgeschehen liegen. Schließlich sind solidarische Praktiken nicht als Hilfeleistung zu verstehen. Sie bilden keine Geste des Mitgefühls, keine altruistische Haltung, sich aus privilegierter Position mit den Problemen anderer zu befassen. Eine Mitleidmoral verfestigt die ungleiche Verteilung von Verwundbarkeit, macht die einen zu aktiven Helfer:innen und die anderen zu passiven

Hilfsempfänger:innen. Stattdessen bedeutet Solidarität, das Handeln als gemeinsame Sache zu begreifen, so verschieden die Ausgangspositionen sein mögen. Gleichheit ist dabei kein erzieltes Ergebnis, sondern wird in den Beziehungen beständig hergestellt. Dafür ist es unerlässlich, »die eigene Rolle und Position […] immer wieder kritisch zu reflektieren und neu zu justieren«.[104] Es bedarf daher der andauernden Aushandlungen, damit Solidarität trotz asymmetrischer Ausgangspositionen bestehen kann.

Im Mai 2020 wurde George Floyd getötet. Der Polizeibeamte Derek Chauvin kniete fast neun Minuten auf dessen Hals, obwohl George Floyd mehrmals rief, er könne nicht atmen. Es ist diese Atemlosigkeit in der tödlichen Umklammerung, die von den Gewaltgeschichten rassistischer Polizeikontrollen erzählt. Vanessa Thompson erkennt darin eine Politik des Atmens, die sie als ein »physisches sowie ein gesellschaftliches Atmen«[105] begreift. Dafür greift sie Frantz Fanons Gedanken des Kampfatmens auf. Der Kampfatem »verkörpert das Ringen nach Atem, das Schnappen nach Luft, das Abdrücken der Luftzufuhr, die Kurzatmigkeit und die Panikattacke«. Als Ruf von *Black Lives Matter* weist *I can't breathe* »auf die historische Erfahrung des Polizierens und das Wissen marginalisierter Gruppen, insbesondere von Schwarzen Menschen, hin«.[106] Auf den Mord an George Floyd folgten wochenlange Proteste in den USA und weltweit. In Zeiten von Covid-19 nahm der Ausruf *I can't breathe* dabei eine weitere Bedeutung an. Die Pandemie legt offen, wie viel schlechter die Gesundheitsversorgung für Schwarze US-Amerikaner:innen ist. In Chicago etwa machen Schwarze Menschen rund dreißig Prozent der Bewohner:innen aus, während sie siebzig Prozent derer ausmachten, die an Covid-19 verstarben. Überdeutlich wird, wie soziale Ungleichheit und Rassismus zusammenwirken, denn Armut und Benachteiligung führt zu chronischen Krankheitsbildern, die Körper anfälliger für den Virus machen. »Wir wissen, dass Schwarze ein höheres Risiko für Diabetes, Herzerkrankungen und Lungenerkrankungen haben«, ließ Jerome Adams 2020 verlauten, damals oberster Leiter des US-amerikanischen Gesundheitssystems. Sich selbst sieht er als bestes Beispiel, da er unter Bluthochdruck, Asthma und Herzproblemen leide: »Ich symbolisiere, was es bedeutet, in Amerika arm und schwarz aufzuwachsen.«[107] Die Proteste waren von solidarischem Gesundheitsschutz bestimmt, Organisator:innen und Demonstrierende achteten auf Maßnahmen wie das Tragen von Masken.[108] Die *Black Lives Matter*-Bewegung wendet sich gegen die strukturelle Verwundbarmachung Schwarzer Körper, die beständige Bedrohung der Gewalt, die Praktiken des *racial profiling*, die Polizeigewalt, die Masseninhaftierung und die rassistischen Tiefenstrukturen des Kapitalismus.[109] In abolitionistischen Ansätzen zeigen sie Alternativen zum rassistischen Polizeisystem auf, die darin bestehen, die Polizei als staatliche Gewalteinheit aufzulösen und andere Formen des Sozialen in solidarischen Beziehungsweisen zu finden. Die Bewegung zielt auf eine Transformation ab, die im Zeichen eines Universalismus von unten steht und eine egalitäre Körperpolitik verfolgt, die nicht an Unversehrtheit, sondern verbindender Verwundbarkeit ausgerichtet ist. In der geteilten Trauer, in der auf die Straße getragenen Wut werden Forderungen nach Gleichheit und Gleichberechtigung laut. Auch hier stiftet die geteilte Verwundbarkeit kollektive Handlungsmacht und ermöglicht solidarische, transformative Beziehungsweisen.

Anstelle von einem »universelle[n] Regelwerk« verfolgen diese verschiedenen Bewegungen den »partikularistische[n] Kampf für universelle Gleichheit«.[110] All diese Bewegungen, die Anzeichen eines Universalismus von unten aufweisen, zeichnen sich am breiten Horizont der Klimakrise ab. Sie führt unweigerlich zur Frage der Klimagerechtigkeit zurück, der Frage danach, welche Körper durch Dürre, Stürme und Fluten gefährdet und verwundbar gemacht werden. Man kann all diese Bewegungen, ob *Ni Una Menos, Black Lives Matter* oder *Fridays for Future*, wie Eva von Redecker schreibt, als Revolution für das Leben verstehen, die »für die Aussicht auf geteiltes, gemeinsam gewahrtes und solidarisch organisiertes Leben«[111] kämpfen. Für viel Aufmerksamkeit konnte die Protestbewegung *Fridays for Future* sorgen. Doch während gerade Greta Thunbergs Schulstreik weltweit gesehen wurde, wird Aktivist:innen aus dem globalen Süden weitaus weniger Gehör geschenkt.[112] Besonders beispielhaft ist ein Bild vom Wirtschaftsforum in Davos 2020, das neben Greta Thunberg, Loukina Tille, Luisa Neubauer und Isabelle Axelsson zeigt, allesamt Klimaaktivist:innen. Einzig die ugandische Umweltschützerin Vanessa Nakate wurde aus dem Bild ausgeschnitten.[113] Sinnbildlich wird sichtbar, wie Perspektiven aus dem globalen Süden aus den klimapolitischen Aushandlungen ausgeschlossen werden, obwohl sie in besonderem Maße betroffen sind. Vor allem aber verfügen sie über ein Wissen, welches im Westen fehlt, und zwar über das Leben mitten im Klimawandel. Eines teilen allerdings alle Klimaproteste: Ob *Fridays for Future*, indigene Aktivist:innen im Amazonas oder Sudan, sobald sie Fragen der Klimagerechtigkeit aufgreifen, Zweifel an kapitalistischen Lösungsvorschlägen anmelden und die Vorstellung vertreten, dass eine andere Welt möglich ist, bringen sie egalitäre Körperpolitiken hervor, die der Untrennbarkeit von ökologischer und menschlicher Verwundbarkeit und Abhängigkeit gewahr werden. Denn in der Abkehr vom zerstörerischen Wachstumsstreben sollen auch die abhängigen Körper der Menschen geschützt werden. Diese Klimaproteste folgen der Spur eines Universalismus von unten, einem Universalismus, der die anthroprozentrische, ausbeuterische Haltung der Naturbeherrschung von sich weist, wie sie sich durch Vorstellungswelten der Moderne zieht. Sie führt zur geteilten Verwundbarkeit von menschlichen Körpern und Erdenkörper, zur Verwobenheit von Körpern und Umwelt.

Cuerpo-territorio: ineinander verwobene, durcheinander verwundbare Körper

Die Denkmuster der europäischen Moderne haben das egalitäre, emanzipatorische Gehalt des Universalismus eingeschränkt, indem sie es am Bild eines bestimmten Subjekts festmachten. Die europäische, eigentumsrechtliche Lebensweise wird als universelle Norm hochgehalten. Dadurch dient die Rede vom Universalismus und von Menschenrechten als rhetorischer Einsatzpunkt, um die moralische und politische Vormachtstellung des Westens zu behaupten. All dies steht im offenkundigen Gegensatz zum Gleichheitsprinzip. Auch in der Gegenwart verschleiern

Menschenrechtsdiskurse, wie Körper ungleich gemacht werden. Um das Denken des Universalismus zu dekolonialsieren, wie es Serene Khader vorschlägt, ist es unerlässlich, den epistemischen Horizont zu entgrenzen. Zuallererst sollte man sich von der Annahme verabschieden, Universalismus und Gleichheit seien Alleinstellungsmerkmale der europäischen Aufklärung. Ganz im Gegenteil finden sich an verschiedensten Orten, zu verschiedensten Zeiten egalitäre, universalistische Denkansätze, die geschichtlich und geografisch weit voneinander entfernt sind.[114] Um Gleichheit und Universalismus anders zu denken, bedarf es, so eine der Schlüsselthesen dieses Buches, anderer Vorstellungs- und Bilderwelten von Körpern und ihren Beziehungen. Wenn unser Begehren, unsere Bindungen, unsere Beziehungen in der verkörperten Verwundbarkeit beginnen, wird die unhintergehbare Verbundenheit von Körpern sichtbar. Und wenn Körper in ihrer Verwobenheit wahrgenommen werden, scheinen die quecksilbrigen Spuren eines Universalismus von unten auf. Sie weisen auf das solidarische Beziehungsgeschehen, in dem sich Menschen als Gleiche behandeln, ohne einander gleichmachen zu wollen. Neben neuen Bildern bedarf es eines veränderten Vokabulars, um diese aufblühenden Beziehungsweisen zu bezeichnen. Das beschränkt sich nicht auf das menschliche Miteinander: Um die Beziehungsweise zu unserer Umwelt anders zu begreifen und anders zu erfahren, brauchen wir Blickwinkel, die das Verhältnis von Menschen und Natur außerhalb von Beherrschungsfantasien begreifen. Um die Spuren eines Universalismus von unten zu erkennen, bedarf es der epistemischen Erweiterungen um Konzepte und Kosmologien jenseits der eurozentrisch verengten Gedankenpfade.

Ein solches Gegenbild bietet ein Körperkonzept wie das *cuerpo-territorio*, Körper-Territorium, das aus indigenen, klimaaktivistischen Kämpfen kommt und in der Bewegung von *Ni Una Menos* aktualisiert wird. Es hilft dabei, ein Vokabular zu finden, welches die unauflöslichen Verbindungen zwischen Körpern und ihren Umwelten zu fassen vermag. Das Konzept ist im Widerstand gegen extraktive Enteignungen wie den Brandrodungen im Amazonas entstanden, die mit Gewalt gegen indigene Gemeinschaften einhergeht. Es kommt also aus den Kämpfen dagegen, dass ganze Gebiete des Lebens zugunsten von Profitinteressen geraubt und ausgebeutet werden.[115] In diesem Kontext wird der Begriff des Territoriums völlig verschieden verstanden, als es seine juridisch-politische Verwendungsweise vorgibt.[116] In der Kolonialgeschichte bezeichnet Territorium das Abstecken von Land, das den kolonialisierten Gesellschaften mit Gewalt genommen wurde. Das Ausrufen von Nationen in den Amerikas ging einher mit der Auslöschung der Geschichten Abya Yalas, wie ein vorkolonialer Name Lateinamerikas lautet. Der juridisch-politische Territoriumsbegriff ist eng mit dem Eigentumsrecht verbunden, das man einsetzte, um Landraub zu legitimieren.[117] Der Territoriumsbegriff, wie er im Konzept des *cuerpo-territorio* anklingt, ist gegenläufig ausgerichtet: Anstatt auf Grenzziehungen abzuzielen, wird Territorium ohne klar markierte Grenzen gedacht. Es ist stattdessen von geografischen Spuren durchzogen, die die Verbindungen zwischen Menschen, Landschaft und Geschichte darstellen.[118] Anstatt die Natur als Objekt der Beherrschung und Ausbeutung anzusehen, wird betont, wie Körper von der Natur abhängen, mit ihr verwoben und in ihr verwurzelt sind. Diese Umwelt beschränkt sich nicht auf die Landschaft, die ein Leben prägt, sie umfasst auch andere Körper. Daher wird Territorium, wie Juan Álvaro Echeverri schreibt, nicht kartografisch, sondern vital und relational gedacht.[119] In dieser Betrachtungsweise erscheinen Körper selbst als Territorien, durchzogen von den Spuren der Geschichte. Somit sind sie einzigartig und zugleich unauflöslich mit anderen Körper-Territorien verbunden. Das erste Territorium eines Kindes sind die sorgenden Körper, die es halten und nähren.[120] In diesem Bindungsgeflecht ist das Körper-Territorium nicht statisch oder feststehend. Es entfaltet sich in den gewobenen Bindungen und Beziehungen, beständig in Bewegung, beständig im Werden begriffen.[121] *Cuerpo-territorio* macht Körper in ihrer Verwobenheit spürbar und sichtbar:

> Die Verknüpfung der Worte ›Körper‹ und ›Territorium‹ spricht für sich selbst: Sie beschreibt, dass es unmöglich ist, den individuellen Körper vom kollektiven Körper, den menschlichen Körper von Territorium und Landschaft abzutrennen und zu isolieren. Das *Körper-Territorium* in der kompakten Form eines einzelnen Wortes de-liberalisiert die Vorstellung von Körpern als individuelles Eigentum und spezifiziert eine politische, produktive und epistemologische Kontinuität des Körpers *als* Territorium. Der Körper wird somit als Komposition von Affekten, Ressourcen und Möglichkeiten offenbart, die nicht *individuell* sind, sondern einzigartig gemacht werden, weil sie den Körper jeder Person durchlaufen, sodass kein Körper jemals nur *einzeln* ist, sondern immer mit anderen – und auch mit anderen nichthumanen Kräften – gesehen werden muss.[122]

Dabei zeichnet das Konzept des Körper-Territoriums kein Bild des harmonischen Einklangs von Menschen und Natur, denn es gibt die Spuren der Gewalt preis, die die Körper durchziehen. Schließlich stellen Körper-Territorien umkämpfte Orte dar. Es enthüllt, wie extraktive Enteignungen von Land und Raum auf Körper einwirken und diese strukturell verwundbar machen. Als »praktisches Konzept« zeigt es, wie die »Ausbeutung gemeinsamer, gemeinschaftlicher (urbaner, suburbaner, bäuerlicher oder indigener) Territorien dem Körper jeder Person wie auch dem kollektiven Körper Gewalt antut«.[123] Damit werden Körper »als Territorien erlebt« und Territorien werden »auf Körpern erlebt«.[124] Doch in Körper-Territorien schreiben sich auch Geschichten des Aufbegehrens ein. Für Verónica Gago produzieren die »Frauen widerständige Körperlichkeit, die jene Kämpfe nähren und von ihnen genährt werden«, ein Körper-Territorium, das sich erweitert.[125] Es überwindet die »Beschränkung der Individualität«, überschreitet die »Grenzen des eigenen Körpers, der als von individuellen Rechten unterstütztes ›Eigentum‹ verstanden wird«. Stattdessen bildet er eine »körper-territoriale Verbindungsfläche von Affekten, Werdegängen, Ressourcen und Erinnerungen«.[126] In diesen Verbindungen bündeln sich die pluralen Perspektiven, sodass sich widerständiges Wissen vervielfacht. Da »der Körper im Sinne des Körper-Territoriums ein aus Kämpfen entstandenes Konzept-Bild ist, kann er Wissen über den Körper«[127] hervorbringen. Er tut dies im Blick auf die Sorge um ihn, das Gemeinwohl, die Umwelt.

In den Dimensionen der politischen Körper eröffnet *cuerpo-territorio* Gegenbilder und Gegenbewegungen. In der Dimension der Repräsentation führt es ein Bild der verwobenen Körper gegenüber dem Bild der vereinzelten Körper ein. In der Dimension der Produktivkraft wendet es sich gegen das Prinzip des Wachstums und das Phantasma der Naturbeherrschung. In der Dimension der Ungleichmachung wehrt es sich gegen die Ordnung, die Körper zu Kriegsplätzen des Kapitals macht. In der Dimension der Affekte lenkt es die Aufmerksamkeit auf verkörperte, soziale Wesen, die der Sorge ihrer Umwelt bedürfen. Dieses Körperdenken verweigert sich dem klassischen kapitalistischen Besitzindividualismus, der privilegierte Körper als sorgenlos und selbstgenügsam idealisiert und prekäre Körper als verfügbar und verwertbar veranschlagt. Ebenso widersetzt sich das Körper-Territorium den neokolonialen Logiken des Landraubs und der extraktiven Enteignung, indem es auf einer tiefen Verwobenheit von Körper und Land beharrt, die keine Eigentumsgrenzen kennt. Diese kritisch-negative Tendenz wird ergänzt durch die Tendenz, performativ und transformativ ein anderes Körperverständnis aufzurufen, das zu einem radikalen Umdenken einlädt. Als Denkbild zeichnet *cuerpo-territorio* die Umrisse eines Universalismus von unten, der von Körpern ausgeht. Ideen und Konzepte sind situiert, man kann sie nicht einfach von ihrem Kontext ablösen. Dementsprechend kann man Körperbilder nicht blindlings auf Körper projizieren, die in anderen Kontexten leben. Doch in ihren Reibungen und Spannungen ermöglichen kulturelle Übersetzungen auch einen Austausch an Ideen. Obwohl sich diese indigen-aktivistische Körperkonzeption nicht umstandslos übertragen lässt, birgt sie Einsichten in die geteilte Verwundbarkeit. In seiner Situiertheit in indigenen, ökologischen und feministischen Kämpfen, beschreibt *cuerpo-territorio* ein partikulares Begehren, das sich gegen die Ungleichmachung bestimmter Körper richtet. Doch durch seine relationale Ausrichtung auf Abhängigkeiten, entfaltet es egalitäres Potenzial, Körper im Modus der Gleichheit zu begreifen und zu behandeln – in ihren geteilten Bedürfnissen nach Sorge und Solidarität. Es verschiebt die Perspektive weg vom Trugbild der unabhängigen Körper hin zum Horizont von abhängigen Körpern.

Ebenso wie sich Körperbilder beständig verändern, wandeln sich Wahrnehmungsweisen der Körperlichkeit. Solidarische Handlungsgefüge, die Sorge in den Vordergrund stellen, eröffnen neue Erfahrungen des eigenen Körpers und machen ihn in seiner Verbundenheit erspürbar. Aus diesem solidarischen Dazwischen entwickelt sich neues, machtkritisches Wissen. Von unten, aus dem Miteinander der Körper, entsteht der Wunsch nach Gleichheit, der nach Wandel verlangt. Ihre praktische Solidarität erweitert die Vorstellungskraft. Wie Affekte und Vernunft nicht trennbar sind, wirken auch Körper und Wissen zusammen. Wissen wird stets verkörpert. Es ist verwurzelt, wie Silvia Rivera Cusicanqui schreibt, und bildet sich in den konkreten Körpern, die wiederum von den Bewegungen, Gesten, Bildern ihrer Umgebung beeinflusst werden. Die Erfahrung, als Körper in einer bestimmten Weise ungleich gemacht zu werden, führt zu einem besonderen Wissen, das aus dem erlebten Leiden und dem gelebten Leben hervorgeht. Wissen ist situiert. Wie das Wissen meines schreibenden Körpers, der geschützt im akademischen Homeoffice in Kreuzberg an diesen Zeilen arbeitet. Ebenso steht es um das Wissen der lesenden Körper, wo auch immer sie sitzen, stehen, liegen, ob sie sich im Jetzt oder im Danach der Pandemie befinden. Doch obwohl dieses Wissen in uns verkörpert ist, speist es sich doch aus dem Dazwischen der Körper. Dadurch wandelt es sich unentwegt. Pandemie und Klimakatastrophe machen spürbar, dass Solidarität nicht beim nächsten Körper von Nachbar:innen endet, dass nicht nur Körper miteinander verbunden sind, die sich wortwörtlich nahestehen. Alle Körper sind global miteinander verbunden, daher affizieren sie sich, trotz ihrer Ferne. In bedrohlicher

Weise, durch die Wogen der Krisen, die uns in unsere geteilte, globale Abhängigkeit werfen. Sie affizieren einander als solidarische Körper, durch das Wissen um ihre Verbundenheit, im gemeinsamen Begehren nach anderen Beziehungsweisen, nach anderen möglichen Welten. Zurück bleiben Körper, die ineinander verwoben, durcheinander verwundbar, aufeinander bezogen sind.

Schlussbemerkungen

Gleichheit entsteht in sozialen, solidarischen Praktiken. Sie kann nicht von oben erlassen werden, weswegen der Weg eines Universalismus von oben systematisch scheitert. Universalismus und Gleichheit können nicht gewährt werden, sie können nur erkämpft werden. Die Spurensuche nach einer Gleichheit von unten richtet sich nicht gegen die Menschenrechte mit ihrem emanzipatorischen Versprechen, sie wendet sich jedoch von der gängigen Menschenrechtspraxis ab, diese zu versprechen oder zu verweigern. Denn eben darin bestehen ihre Begrenzungen: Zum einen sind die Menschenrechte beschränkt, da nicht alle gleichermaßen Zugang zu ihnen haben, wie Geflüchtete und Staatenlose, denen das Recht fehlt, Rechte zu haben. Zum anderen ermangelt es Menschen an praktischen, materiellen Möglichkeiten, die Verletzung ihrer Rechte anzufechten. Dennoch gelingt es Menschen in den prekärsten Situationen, solidarisch Schutz und Sorge zu teilen. In solchen kostbaren Situationen der Kooperation entfalten sich egalitäre Praktiken, die den gleichen Schutzanspruch und das Sorgebedürfnis aller Körper anerkennen. Wenn Gleichheit von den Körpern kommt, ist es an der Zeit, die Blickrichtung zu verkehren und nach einem Universalismus von unten zu suchen. So blitzt ein Universalismus hervor, der von den Körpern kommt. Seine Spuren finden sich in solidarischen Praktiken, die Menschenrechte nicht als Haltung aufführen, sondern als Handlung umsetzen. An die Stelle von starren universalistischen Normen treten Politiken der Universalisierung. Die Kritik an bestehenden universalistischen Normen macht auf deren Widersprüche und Begrenzungen aufmerksam. Doch es bleibt nicht beim Negieren, aus dieser Kritik gehen Erweiterungen hervor. Indem solidarische Praktiken und Beziehungsweisen neue egalitäre Politiken herstellen, wirken sie transformativ. Anstatt das Solidarische in Harmoniebildern einer einheitlichen, befriedeten Solidargemeinschaft zu suchen, entsteht es in unentwegten Aushandlungen, die neue Beziehungsweisen stiften. Dabei können solidarische Handlungsgefüge ein partikulares Ziel haben wie die gezielte Unterstützung bestimmter Gruppen, beispielsweise Gesundheitsversorgung für Geflüchtete oder Nachbarschaftshilfe für ältere Menschen. Doch da sie dem egalitären Anspruch folgen, allen Körpern Schutz und Sorge zu gewähren, also aus dem Antrieb agieren, der verbindenden und verbindlichen Verantwortung der geteilten Verwundbarkeit nachzukommen, äußern sie sich zugleich als Anzeichen eines Universalismus von unten. In ihren partikularen Kämpfen folgen sie der Idee einer universellen Gleichheit. Wie bewegliche Mosaiksteinchen setzen sich die mannigfaltigen Solidargefüge zusammen, ecken aneinander an und ergänzen einander. Der Universalismus von unten besteht in den Bewegungen und Beziehungen, die sich zwischen den Solidaritätsgefügen abspielen.

Die alltäglichen Erfahrungen mit uns nahen Körpern, die uns umsorgen, die wir umsorgen, machen Abhängigkeit affektiv spürbar. In Zeiten der Pandemie können wir erleben, wie unsere Abhängigkeit auch weit entfernte Körper erfasst. In Anbetracht der Überflutungen und Verwüstungen, die der Klimawandel auslöst, werden wir gewahr, dass wir alle auf einem Erdenkörper leben, den wir angegriffen und in Aufruhr gebracht haben. Damit sich die Gleichheit zwischen Körpern entfalten kann, ist es bei aller Bedrohlichkeit unerlässlich, ihre Abhängigkeiten anzuerkennen. In der Verbundenheit unserer sozial verfassten Körper liegt ihre relationale Gleichheit. In ihr verbirgt sich die Grundbedingung für soziale Freiheit. Anstatt Körper anhand von Normen des Gleichen und Gemeinsamen auszurichten oder ihnen starke Differenzen einzuschreiben, entsteht diese Gleichheit zwischen Körpern aus ihrer Differenz. Nicht Gleichheit wie im liberalen Jargon der Chancengleichheit. Nicht Gleichheit wie in lauwarmen Bekenntnissen zu den Menschenrechten, die Berufspolitiker:innen beliebig wählen, um Maßnahmenbekundungen der Ungleichheit zu begründen. Sondern radikale, relationale Gleichheit. Und diese Gleichheit ist keine Frage der Gesinnung und des Gewissens, sie gehört in die politische Praxis. Um die gegenwärtigen und zukünftigen Krisen zu bewältigen, braucht es mehr als Reformen, es bedarf der Radikalität. Es kommt nicht allein auf eine veränderte Haltung an. Ebenso wenig darf der Weg bei der Umverteilung enden, man muss dort ansetzen, wo Körper ungleich gemacht werden, in der Produktion und Reproduktion ihrer Arbeitskraft, in den Einteilungen als verwertbare oder verworfene Körper. Nicht bloß die Beziehungsweisen, auch die Produktionsweisen müssen sich radikal wandeln. Angesichts der Klimakrise wird dies drängender und drängender. Die ökologische Transformation ist nicht allein eine Frage des individuellen Konsumverhaltens. Die Antwort liegt in einer Umstrukturierung sämtlicher Produktions- und Reproduktionsverhältnisse. Der Kurs muss hart umschwenken, vom Wachstumsparadigma auf Grundsätze des Gemeinwohls und des guten Lebens.

Die Spuren des Universalismus von unten sind allgegenwärtig, sobald wir anfangen, auf sie zu achten. Sie zeichnen Horizonte für zukünftige globale Gesellschaften nach, in deren Mitte nicht Profit und Akkumulation, sondern Sorge und Gemeinwohl stehen. Seine quecksilbrigen Spuren finden sich in spontanen solidarischen Gesten, in Protestbewegungen, in Kollektiven und Initiativen. Die kapitalistische Wirtschaftsweise verwandelt die Verbundenheit von Körpern in Profitmargen und hält währenddessen das Ideal des selbstgenügsamen Körpers hoch. Dagegen machen solidarische Sorgepraktiken eine andere politische Dimension von Körperlichkeit sichtbar. Sie verschieben die Vorstellungen weg von unabhängigen Körpern hin zu abhängigen Körpern. Indessen konfrontieren die Coronakrise, die Klimakrise und kommende Krisen auch jene, die sich bislang dem Anschein der Unversehrbarkeit hingeben durften, mit unserer Abhängigkeit und Verwundbarkeit. So sehr das Erlebnis des Verwundbarseins mit Schrecken erfüllt, birgt diese bedrohliche Erfahrung die zukunftsweisende Einsicht, dass sich in dieser Verwundbarkeit die Gleichheit zwischen Körpern entfaltet. Im geteilten Atmen, im Pneuma, πνεῦμα, der Atemseele, wird ein Hauch dieser Gleichheit spürbar, die durch die Gegenwart und ihre Geschichten schwebt, die durch unsere Körper fließt, unsere Gedanken trägt, unsere Gespräche führt. Die Philosoph:innen der Antike beschworen das Pneuma, πνεῦμα, das alle Körper kosmologisch miteinander verbindet. Als allumfassende Atemseele. Dein Atem ist mein Atem, ist unser Atem. Zu Zeiten der Pandemie ein vom Virus vergifteter Atem, ein ansteckender, angstmachender Atem. Er lässt uns mit allen Sinnen spüren, wie bedrohlich Abhängigkeit ist. Doch sie birgt auch das Versprechen von Gleichheit, die uns aneinander bindet. Wenn unsere Körper im uns durchdringenden, durchfließenden πνεῦμα verwoben sind, erscheint es nicht allzu abwegig, die Verbindung, nicht die Verwertung in den Vordergrund zu stellen. Das Kapital abzuschaffen und die Grenzen gleich mit dazu, das nekropolitische Kalkül auszusetzen, einfach aufzuhören, mit Körpern zu bilanzieren, ihre Arbeitskraft aus ihnen auszuzehren. Wenn wir die althergebrachten Körperordnungen hinter uns lassen, was bleibt? Die Idee, uns als verschieden anzuerkennen und dennoch als Gleiche zu behandeln. Uns im Hauch der Atemseele zu bewegen. Als verbundene und verwundbare, sorgende und umsorgte Körper.

Anmerkungen

1. Produktive Körper

1 Vgl. Hilge Landweer, Catherine Newmark, »Das Geschlecht der Autorität – Altlasten und feministische Neubestimmungen. Zur Einführung«, in: Hilge Landweer, Catherine Newmark (Hg.), *Wie männlich ist Autorität? Feministische Kritik und Aneignung*, Frankfurt/M. 2018, S. 7–19.

2 {https://www.welt.de/jahresrueckblick-2008/april/article1899926/Wieviel-Dekollete-darf-eine-Kanzlerin-zeigen.html}, letzter Zugriff am 05.02.2021.

3 {www.cicero.de/innenpolitik/merkel-nach-der-hamburg-wahl-dame-ohne-unterleib/58874}, letzter Zugriff am 04.09.2021.

4 Michel Foucault, *Die Geburt der Biopolitik. Geschichte der Gouvernementalität II*, Frankfurt/M. 2006.

5 Vgl. Sara Ahmed, *The Promise of Happiness*, Durham/London 2010.

6 Zur Körpergeschichte vgl. Philipp Sarasin, *Reizbare Maschinen: Eine Geschichte des Körpers 1765–1914*, Berlin 2001.

7 Imke Schmincke, *Körpersoziologie*, Paderborn 2021, S. 114.

8 Paula Diehl, Gertrud Koch, »Vorwort«, in: *Inszenierungen der Politik*, Paderborn 2007, S. 7–9, hier S. 7.

9 Vgl. Ernst Kantorowicz, *The King's Two Bodies. A Study in Medieval Political Theology*, Princeton 2016.

10 Joëlle Rollo-Koster, »Body Politic«, in: Mark Bevir (Hg.), *Encyclopedia of Political Theory*, Thousand Oaks 2010, S. 134–137, hier S. 134.

11 Imke Schmincke, »Body Politic – Biopolitik – Körperpolitik. Eine begriffsgeschichtliche Rekonstruktion der Body Politics«, in: *Body Politics* 11/7 (2019), S. 15–40, hier S. 17.

12 Michelle Lee, *Paul, the Stoics, and the Body of Christ*, Cambridge 2006, S. 44.

13 Ebd., S. 46–50.

14 Ebd., S. 50.

15 Ebd., S. 53.

16 Rollo-Koster, »Body Politic«, S. 134.

17 Vgl. Schmincke, »Body Politic – Biopolitik – Körperpolitik«, S. 17.

18 Die *body politic* folgte der patriarchalen Tradition von Autorität, die den Körper des Königs zum Ausgangspunkt hat, doch trotz dieser maskulinen Rahmung bildete der Körper einer Königin geschichtlich einen wichtigen Einsatzpunkt der *body politic*. Es war »der Körper einer Königin, nämlich von Elisabeth I. […], der die Konzeption dieses doppelten königlichen Körpers in ihrer vollen Tragweite sichtbar machte. […] Aus politischen und rechtlichen Gründen war es 1561 notwendig geworden, die Königin mit zwei Körpern auszustatten, einem natürlichen und einem politischen, der politische wurde als im natürlichen Körper der Königin inkorporiert konzipiert.« Regina Schulte, »The Body of a Woman and Heart and Stomach of a King. Wie viele Körper kann eine Königin haben?«, in: Diehl/Koch (Hg.), *Inszenierungen der Politik*, S. 14.

19 Michel Foucault, *Die Köpfe der Politik*, in: ders., *Schriften in vier Bänden. Dits et Ecrits*, Bd. 3, herausgegeben von Daniel Défert und François Ewald, Frankfurt/M. 2003, S. 14.

20 Rollo-Koster, »Body Politic«, S. 136.

21 Vgl. ebd., S. 135.

22 Albrecht Koschorke u. a., *Der fiktive Staat: Konstruktionen des politischen Körpers in der Geschichte Europas*, Frankfurt/M. 2007, S. 152.

23 Schmincke, »Body Politic – Biopolitik – Körperpolitik«, S. 20.

24 Rollo-Koster, »Body Politic«, S. 136–138.

25 Schmincke, *Körpersoziologie*, S. 115.

26 Vgl. Roberto Esposito, *Immunitas. Schutz und Negation des Lebens*, Berlin 2004, S. 27–30.

27 Für diesen Hinweis danke ich Andreas Gehrlach.

28 Thomas Hobbes, *Leviathan oder Stoff, Form und Gewalt eines kirchlichen und bürgerlichen Staates*, Frankfurt/M. 1966, S. 94.

29 Ebd., S. 95.

30 Ebd., S. 101.

31 Gundula Ludwig, »Körper und politische (An-)Ordnungen. Zur Bedeutung von Körpern in der modernen westlichen Politischen Theorie«, in: *Politische Vierteljahresschrift* 62 (2021), S. 643–669, hier S. 650.

32 Ebd.

33 Thomas Hobbes, *Menschliche Natur und politischer Körper*, herausgegeben von Alfred Noll, Hamburg 2020, S. 111–116.

34 Judith Butler, *Gefährdetes Leben. Politische Essays*, Frankfurt/M. 2005, S. 241.

35 Hobbes, *Leviathan*, S. 93; 99.
36 C. B. Macpherson, *Die politische Theorie des Besitzindividualismus*, Frankfurt/M. 1990, S. 45.
37 Andreas Gehrlach, *Das verschachtelte Ich. Individualräume des Eigentums*, Berlin 2020, S. 15.
38 John Locke, *Zwei Abhandlungen über die Regierung*, Frankfurt/M. 1977, S. 216.
39 Macpherson, *Die politische Theorie des Besitzindividualismus*, S. 261.
40 Sarasin, *Reizbare Maschinen*, S. 192.
41 Daniel Loick, *Der Missbrauch des Eigentums*, Berlin 2016, S. 39–44.
42 Macpherson, *Die politische Theorie des Besitzindividualismus*, S. 261.
43 Ludwig, »Körper und politische (An-)Ordnungen«, S. 654.
44 Macpherson, *Die politische Theorie des Besitzindividualismus*, S. 37.
45 Jean-Jacques Rousseau, *Gesellschaftsvertrag*, Stuttgart 1977, S. 12.
46 Judith Butler, *Die Macht der Gewaltlosigkeit – Über das Ethische im Politischen*, Berlin 2020, S. 45.
47 Vgl. Jean-Jacques Rousseau, *Abhandlung über den Ursprung und die Grundlagen der Ungleichheit unter den Menschen*, Stuttgart 2018.
48 Susan Buck-Morss, *Hegel und Haiti*, Berlin 2018, S. 40.
49 Ebd., S. 42.
50 Çiğdem Inan, »C. L. R. James und die flüchtigen Widerstände der Haitianischen Revolution«, in: C. L. R. James, *Die schwarzen Jakobiner. Toussaint Louverture und die Haitianische Revolution*, Berlin 2021, S. 349–364, hier S. 350.

51 Achille Mbembe, *Kritik der schwarzen Vernunft*, Berlin 2017, S. 45.

52 Buck-Morss, *Hegel und Haiti*, S. 2.

53 Ebd.

54 Nikita Dhawan, »Die affirmative Sabotage der Aufklärung: Die postkoloniale Zwickmühle«, in: *Zeitschrift für Politik* 66/2 (2019), S. 183–198, hier S. 192.

55 Friederike Habermann, *Der homo oeconomicus und das Andere*, Baden-Baden 2008, S. 201–205.

56 Vgl. ebd., S. 205–207.

57 Ebd., S. 199–203.

58 Immanuel Kant, *Schriften zur Anthropologie, Geschichtsphilosophie, Politik und Pädagogik*, Bd. 1, Frankfurt/M. 2014, A390–A417.

59 Nikita Dhawan, »Die Aufklärung retten«, in: *Zeitschrift für Politische Theorie* 7/2 (2016), S. 249–255, hier S. 250.

60 Sarasin, *Reizbare Maschinen*, S. 200–202.

61 Ebd., S. 205–207.

62 Habermann, *Der homo oeconomicus und das Andere*, S. 202.

63 Sarasin, *Reizbare Maschinen*, S. 206–208.

64 Vgl. Habermann, *Der homo oeconomicus und das Andere*, S. 178–182.

65 Vgl. Jean Elshtain, *Public Man, Private Woman. Women in Social and Political Thought*, Princeton 1993, S. 180–188.

66 Habermann, *Der homo oeconomicus und das Andere*, S. 212.

67 Georg W. F. Hegel, *Grundlinien der Philosophie des Rechts oder Naturrecht und Staatswissenschaft*

im Grundrisse, in: ders., *Werke*, Bd. 7, Frankfurt/M. 1986, PR §166.

68 Kant, *Schriften zur Anthropologie, Geschichtsphilosophie, Politik und Pädagogik*, A482.

69 Vgl. Judith Shaklar, *Men and Citizens. A Study of Rousseau's Social Theory*, Cambridge 1969, S. 15.

70 Schmincke, *Körpersoziologie*, S. 70.

71 Ebd.

72 Ebd.

73 Vgl. Silvia Federici, *Aufstand aus der Küche – Reproduktionsarbeit im globalen Kapitalismus und die unvollendete feministische Revolution*, Münster 2012.

74 Maria Lugones, »The Coloniality of Gender«, in: *Worlds & Knowledges Otherwise* 2 (2008), S. 1–17.

75 Vgl. Anne McClintock, *Imperial Leather: Race, Gender, and Sexuality in the Colonial Contest*, New York 1995, S. 5.

76 Vgl. Walter Mignolo, *The Darker Side of the Renaissance. Literarcy, Territoriality and Colonization*, Michigan 1995.

77 Sarasin, *Reizbare Maschinen*, S. 210.

78 Ludwig, »Körper und politische (An-)Ordnungen«, S. 659.

79 Olympe de Gouges, *Die Frau ist frei geboren. Texte zur Frauenemanzipation, 1789–1870*, Bd. I, München 1980.

80 Buck-Morss, *Hegel und Haiti*, S. 58–60.

81 Ebd., S. 184.

82 Ebd., S. 144.

83 Ebd., S. 183.

84 Ebd.

85 Ebd., S. 184.

86 Michel Foucault, *Überwachen und Strafen. Die Geburt des Gefängnisses*, Frankfurt/M. 1976, S. 174.

87 Torger Möller, »Disziplinierung und Regulierung widerständiger Körper: zum Wechselverhältnis von Disziplinarmacht und Biomacht«, in: Karl-Siegbert Rehberg (Hg.), *Die Natur der Gesellschaft: Verhandlungen des 33. Kongresses der Deutschen Gesellschaft für Soziologie in Kassel*, Frankfurt/M. 2006, S. 2768–2780, hier S. 2771.

88 Marianne Pieper u. a., »Biopolitik in der Debatte – Konturen einer Analytik der Gegenwart mit und nach der biopolitischen Wende. Eine Einleitung«, in: dies. (Hg.), *Biopolitik – in der Debatte*, Bielefeld 2011, S. 7–28, hier S. 10.

89 Philipp Sarasin, »Mit Foucault die Pandemie verstehen?«, in: *Geschichte der Gegenwart* (2020), {https://geschichtedergegenwart.ch/mit-foucault-die-pandemie-verstehen/}, letzter Zugriff am 04.04.2022.

90 Foucault, *Überwachen und Strafen*, S. 251.

91 Ebd.

92 Ebd., S. 176.

93 Ebd., S. 183.

94 Ebd., S. 37.

95 Ebd.

96 Ebd.

97 Ebd.

98 Ebd., S. 176.

99 Karl Marx, *Das Kapital I*, Marx-Engels-Werke, Bd. 23, Berlin 1962, S. 543.

100 Michel Foucault, *Der Wille zum Wissen. Sexua-*

lität und Wahrheit, Bd. 1, Frankfurt/M. 1983, S. 134–136.

101 Ebd., S. 31.

102 Michel Foucault, *Sicherheit, Territorium, Bevölkerung. Geschichte der Biopolitik*, Frankfurt/M. 2006, S. 42.

103 Foucault, *Geschichte der Biopolitik*, S. 180.

104 Thomas Lemke, »Eine Analytik der Biopolitik. Überlegungen zu Geschichte und Gegenwart eines umstrittenen Begriffs«, in: *Behemoth. A Journal on Civilisation* (1) 2008, S. 72–89, hier S. 82.

105 Schmincke, »Body Politic – Biopolitik – Körperpolitik«, S. 24.

106 Vgl. Pieper u. a., »Biopolitik in der Debatte«, S. 10.

107 Lemke, »Eine Analytik der Biopolitik«, S. 81.

108 Marx, *Das Kapital I*, S. 526.

109 Foucault, *Der Wille zum Wissen*, S. 136–138.

110 Ebd.

111 Vgl. Gundula Ludwig, »Staatstheoretische Perspektiven auf die rassisierende Grammatik des westlichen Sexualitätsdispositivs. Kontinuitäten und Brüche«, in: Barbara Grubner, Veronika Ott (Hg.), *Sexualität und Geschlecht. Feministische Annäherungen an ein unbehagliches Verhältnis*, Sulzbach/Taunus 2014, S. 87–105, hier S. 92.

112 Schmincke, »Body Politic – Biopolitik – Körperpolitik«, S. 24.

113 Foucault, *Der Wille zum Wissen*, S. 30–32.

114 Ebd., S. 32.

115 Vgl. Lemke, »Eine Analytik der Biopolitik«, S. 83.

116 Foucault, *Überwachen und Strafen*.

117 Lemke, »Eine Analytik der Biopolitik«, S. 84.

118 Ebd.

119 Achille Mbembe, »Nekropolitik«, in: Pieper u. a. (Hg.), *Biopolitik – in der Debatte*, S. 63.
120 Ebd., S. 65.
121 Ebd., S. 72.
122 Ebd.
123 Foucault, *Überwachen und Strafen*, S. 37.
124 Pierre Bourdieu, »Männliche Herrschaft revisited«, in: *Feministische Studien* 2 (1997), S. 88–100, hier S. 93–96.
125 Susan Sontag, *Illness as Metaphor & Aids and its Metaphors*, London 2002, S. 92.
126 Pierre Bourdieu, »Ortseffekte«, in: Albrecht Guschel, Volker Kirchberg (Hg.), *Kultur in der Stadt. Stadtsoziologische Analysen zur Kultur*, Wiesbaden 1998, S. 17–27, hier S. 18.
127 Ebd., S. 21.
128 Ebd., S. 24.
129 Ebd.
130 Ebd., S. 22–24.
131 Pierre Bourdieu, *Die feinen Unterschiede. Kritik der gesellschaftlichen Urteilskraft*, Frankfurt/M. 1987, S. 104–106.
132 Pierre Bourdieu, *Meditationen. Zur Kritik der scholastischen Vernunft*, Frankfurt/M. 2001, S. 225.
133 Bourdieu, »Männliche Herrschaft revisited«, S. 93.
134 Vgl. Imke Schmincke, *Gefährliche Körper an gefährlichen Orten. Eine Studie zum Verhältnis von Körper, Raum und Marginalisierung*, Bielefeld 2015.
135 Sebastian Jobs, »›There's a black male running down the street.‹ Zur Kriminalisierung schwarzer Mobilität in den USA«, in: *Geschichte der*

Gegenwart (2021), {https://geschichtedergegenwart.ch/jobs-polizeigewalt/}, letzter Zugriff am 04.04.2022.

136 Schmincke, *Körpersoziologie*, S. 62.

137 Ebd.

138 Schmincke, »Body Politic – Biopolitik – Körperpolitik«, S. 15–17.

2. Egalitäre Körper

1 Christian Kuhlicke, »Soziale Verwundbarkeit und die Folgen des Klimawandels«, in: Andreas Marx (Hg.), *Klimaanpassung in Forschung und Politik*, Wiesbaden 2017, S. 105-119, hier S. 111.

2 Sonja Gassner, »Entgrenzte Körper. Zur Möglichkeit einer Politik affirmativ geteilter Vulnerabilität«, in: *Zeitschrift für Praktische Philosophie* 7/2 (2020), S. 417–42, hier S. 420.

3 Donatella Di Cesare, *Souveränes Virus? Die Atemnot des Kapitalismus*, Konstanz 2020, S. 30.

4 Vgl. Catriona Mackenzie u. a., »Introduction«, in: dies. (Hg.), *Vulnerability. New Essays in Ethics and Feminist Philosophy*, Oxford 2014, S. 1–33.

5 Judith Butler, *Subjects of Desire. Hegelian Reflections in Twentieth-Century France*, New York 2012, S. 39.

6 Bini Adamczak, *Beziehungsweise Revolution – 1917, 1968 und kommende*, Berlin 2017, S. 253.

7 Judith Butler, *Gefährdetes Leben. Politische Essays*, Frankfurt/M. 2005, S. 37.

8 Ebd., S. 241.

9 Judith Butler, *Die Macht der Geschlechternormen*

und die Grenzen des Menschlichen, Frankfurt/M. 2011, S. 41.

10 Judith Butler, *Politik des Todestriebes. Der Fall Todesstrafe. Sigmund Freud Vorlesung 2014*, Frankfurt/M. 2014, S. 40.

11 Sabine Hark, *Gemeinschaft der Ungewählten. Umrisse eines politischen Ethos der Kohabitation*, Berlin 2021, S. 212.

12 Athena Athanasiou, Judith Butler, *Die Macht der Enteigneten: Das Performative im Politischen*, Zürich 2014, S. 126.

13 {https://www.sueddeutsche.de/kultur/corona-virus-vulnerabilitaet-triage-1.4897768}, letzter Zugriff am 19.04.2022.

14 Butler, *Gefährdetes Leben*, S. 39.

15 Judith Butler, *Raster des Krieges. Warum wir nicht jedes Leid beklagen*, Frankfurt/M. 2010, S. 48–54.

16 Ebd., S. 52–60.

17 Judith Butler, *Die Macht der Gewaltlosigkeit – Über das Ethische im Politischen*, Berlin 2020, S. 54–65.

18 Athanasiou, Butler, *Die Macht der Enteigneten*, S. 148.

19 Butler, *Gefährdetes Leben*, S. 8.

20 Ina Kerner, »(K)eine Apologie des Universalismus«, in: *blog interdisziplinäre geschlechterforschung*, {https://www.gender-blog.de/beitrag/keine-apologie-universalismus}, letzter Zugriff am 04.04.2022.

21 Serene Khader, *Decolonizing Universalism – A Transnational Feminist Ethic*, Oxford 2009, S. 24–26.

22 Etienne Balibar, *Gleichfreiheit*, Berlin 2012, S. 110.

3. Pandemische Körper

1 Imke Schmincke, *Körpersoziologie*, Paderborn 2021, S. 110.

2 Ebd.

3 {www.oxfam.de/ueber-uns/publikationen/oxfams-bericht-covid-19-auswirkungen-ungleichheitsvirus}, letzter Zugriff am 20.08.2021. Vgl. Benjamin Wachtler u. a., »Sozioökonomische Ungleichheit im Infektionsrisiko mit SARS-CoV-2 – Erste Ergebnisse einer Analyse der Meldedaten«, in: *Journal of Health Monitoring* 57/5 (2020), S. 19–31.

4 {https://www.oxfam.de/presse/pressemitteilungen/2022-01-17-reichsten-verdoppeln-vermoegen-waehrend-160-millionen}, letzter Zugriff am 09.03.2022.

5 {www.bundesregierung.de/breg-de/aktuelles/fernsehansprache-von-bundeskanzlerin-angela-merkel-1732134}, letzter Zugriff am 10.12.2021.

6 Stephan Lessenich, »Leben machen und sterben lassen: Die Politik mit der Vulnerabilität«, in: *WSI-Mitteilungen* 73/6 (2020), S. 454–461.

7 {https://www.bundespraesident.de/SharedDocs/Reden/DE/Frank-Walter-Steinmeier/Reden/2022/02/220213-Bundesversammlung.html;jsessionid=FFA2214F565C19B9B6BE8F01AFA35D18.1_cid393}.

8 {https://www.sueddeutsche.de/kultur/coronavirus-vulnerabilitaet-triage-1.4897768)}, letzter Zugriff am 07.03.2022.

9 {www.zdf.de/nachrichten/politik/corona-scha-

euble-leben-schuetzen-100.html}, letzter Zugriff am 26.09.2021.

10 {www.sat1.de/tv/fruehstuecksfernsehen/video/202083-palmers-kritische-meinung-zur-corona-politik-clip}, letzter Zugriff am 24.09.2021.

11 {www.zeit.de/kultur/2020-04/corona-pandemie-kapitalismus-oekonomie-menschenleben}, letzter Zugriff am 09.03.2022.

12 Schmincke, *Körpersoziologie*, S. 109.

13 {www.zdf.de/nachrichten/panorama/corona-altenheim-mainz-kontakt-bewohner-black-box-100.html}, letzter Zugriff am 20.09.2021.

14 Barbara Derler u. a., »Corona im Pflegeheim. Ein Erfahrungsbericht aus der Praxis«, in: Wolfgang Kröll u. a. (Hg.), *Die Corona-Pandemie. Ethische, gesellschaftliche und theologische Reflexionen einer Krise*, Baden-Baden 2020, S. 423–443, hier S. 429.

15 {https://www.aerzteblatt.de/nachrichten/120498/Justizministerin-warnt-vor-versteckter-Triage-in-Pflegeheimen}, letzter Zugriff am 09.03.2022.

16 Lotte Habermann-Horstmeier, »Menschen mit geistiger Behinderung in Zeiten der COVID-19-Pandemie«, in: *Public Health Forum* (2020), S. 64–67, hier S. 65.

17 {www.zdf.de/nachrichten/panorama/corona-triage-pflegeheime-100.html}, letzter Zugriff am 25.09.2021.

18 Lucí Cavallero, Verónica Gago, *A Feminist Reading of Debt*, London 2021, S. 5.

19 {www.zeit.de/1990/14/europas-kranker-mann/komplettansicht}, letzter Zugriff am 20.09.2021.

20 {www.sueddeutsche.de/wirtschaft/boerse-aktien-coronavirus-1.4925791?reduced=true}, letzter Zugriff am 09.03.2022.

21 {www.handelsblatt.com/meinung/kommentare/kommentar-die-kapitalerhoehung-fuer-den-iwf-ist-eine-finanzspritze-fuer-die-weltwirtschaft-/27479410.html?ticket=ST-1205299-1RFtLOZZoStSDBV33WwH-ap1}, letzter Zugriff am 20.09.2021.

22 {www.tagesschau.de/wirtschaft/weltwirtschaft/tuerkei-tuerkische-lira-dollar-erdogan-notenbank-inflation-101.html}, letzter Zugriff am 21.09.2021.

23 Für diesen Hinweis gilt mein Dank Eliah Arcuri.

24 Vgl. Nicky Marsh, »Desire and Disease in the Speculative Economy. A critique of the language of crisis«, in: *Journal of Cultural Economy* (2011), S. 301–314.

25 Naomi Klein, *Die Schock-Strategie. Der Aufstieg des Katastrophen-Kapitalismus*, Frankfurt/M. 2016, S. 17–20.

26 Ebd., S. 64–67.

27 Karin Fischer, »The Influence of Neoliberals in Chile before, during, and after Pinochet«, in: Philip Mirowski, Dieter Plehwe (Hg.), *The Road from Mont Pèlerin. The Making of the Neoliberal Thought Collective*, Cambridge 2009, S. 305–347, hier S. 310.

28 David Harvey, *A Brief History of Neoliberalism*, Oxford 2007, S. 8–10.

29 Klein, *Die Schock-Strategie*, S. 141–148.

30 David Stuckler, Sanjay Basu, *Body Economic. Why Austerity Kills. Recessions. Budget Battles, and the Politics of Life and Death*, New York 2013, S. 139.

31 Ebd.
32 Ebd., S. XI.
33 Ebd., S 97.
34 Ebd., S. 98.
35 Ebd., S. 100–102.
36 Ebd., S. 102.
37 Ebd.
38 Ebd.
39 {www.reuters.com/article/greece-economy-strauss-kahn-idUSLDE63Q2G820100427}, letzter Zugriff am 22.09.2021.
40 Vgl. Yanis Varoufakis, *Die ganze Geschichte: Meine Auseinandersetzung mit Europas Establishment*, München 2017.
41 Stuckler, Basu, *Body Economic*, S. 84.
42 Anna Carastathis, »The Politics of Austerity and the Affective Economy of Hostility: Racialised Gendered Violence and Crises of Belonging in Greece«, in: *Feminist Review* 101/1 (2015), S. 73–95, hier S. 75.
43 Ebd., S. 82.
44 Stuckler, Basu, *Body Economic*, S. 77.
45 Carastathis, »The Politics of Austerity and the Affective Economy of Hostility«, S. 79.
46 Ebd.
47 Schmincke, *Körpersoziologie*, S. 100.
48 Dagmar Herzog, *Sexuality in Europe. A Twentieth-Century History*, Cambridge 2011, S. 9–18.
49 Vgl. Guy Hocquenghem, *Das homosexuelle Begehren*, Hamburg 2019, S. 19.
50 Susan Sontag, *Illness as Metaphor & Aids and its Metaphors*, London 2002, S. 97.
51 Ebd., S. 95–97.

52 Ebd., S. 97.

53 Ebd., S. 103–106.

54 Ebd., S. 106.

55 Mary Douglas, *Reinheit und Gefährdung. Eine Studie zu Vorstellungen von Verunreinigung und Tabu*, Berlin 1985, S. 182.

56 Marsh, »Desire and Disease in the Speculative Economy«, S. 305.

57 Stuckler, Basu, *Body Economic*, S. 89.

58 {www.hrw.org/news/2014/06/03/greece-story-behind-golden-dawns-success}, letzter Zugriff am 25.09.2021.

59 Carastathis, »The Politics of Austerity and the Affective Economy of Hostility«, S. 78–80.

60 Ebd., S. 74.

61 David Harvey, *The New Imperialism*, Oxford 2005, S. 148.

62 Vgl. Silvia Federici, *Re-enchanting the World. Feminism and the Politics of the Commons*, Oakland 2019, S. 59–61.

63 Ebd., S. 144.

64 Federici, *Re-enchanting the World*, S. 18.

65 Harvey, *The New Imperialism*, S. 150–152.

66 Maurizio Lazzarato, *Die Fabrik des verschuldeten Menschen. Essay über das neoliberale Leben*, Berlin 2012, S. 25.

67 Cavallero, Gago, *A Feminist Reading of Debt*, S. 3–5.

68 Vgl. Federici, *Re-enchanting the World*, S. 20.

69 Cavallero, Gago, *A Feminist Reading of Debt*, S. 17.

70 Ebd., S. 81.

71 Ebd., S. 58.

72 Ebd., S. 58–60.

73 Federici, *Re-enchanting the World*, S. 64–66.

74 Ebd., S. 67.

75 Friedrich Nietzsche, *Die Genealogie der Moral. Eine Streitschrift*, Bd. 2, in: ders., *Kritische Gesamtausgabe*, 6. Abteilung, herausgegeben von Giorgio Colli und Mazzino Montinari, S. 246–413, hier S. 297.

76 Stuckler, Basu, *Body Economic*, S. XIV.

77 Joseph Stiglitz, *Die Schatten der Globalisierung*, Berlin 2002.

78 Stuckler, Basu, *Body Economic*, S. XXI.

79 {https://www.dw.com/de/wer-bezahlt-die-corona-schulden-in-europa/a-57214522}, letzter Zugriff am 09.03.2022.

80 Diese Tendenz zeigt sich beispielsweise beim Berliner Senat unter der regierenden Bürgermeisterin Franziska Giffey. Vgl. {https://www.rbb24.de/politik/beitrag/2022/03/berlin-oeffentliche-schulen-drastischen-kuerzungen-haushalt.html}, letzter Zugriff am 04.03.2022.

81 Schmincke, *Körpersoziologie*, S. 109.

82 Vgl. Philipp Sarasin, »Mit Foucault die Pandemie verstehen?«, in: *Geschichte der Gegenwart* (2020), {https://geschichtedergegenwart.ch/mit-foucault-die-pandemie-verstehen/}, letzter Zugriff am 04.04.2022.

83 Schmincke, *Körpersoziologie*, S. 111.

84 Gesa Lindemann, *Die Ordnung der Berührung. Staat, Gewalt und Kritik in Zeiten der Coronakrise. Ein Essay*, Weilerswist 2020, S. 14.

85 Ebd.

86 Ebd.

87 Schmincke, *Körpersoziologie,* S. 111.

88 Lindemann, *Die Ordnung der Berührung. Staat, Gewalt und Kritik in Zeiten der Coronakrise,* S. 55.

89 Ebd., S. 55–57.

90 Ebd., S. 56.

91 Ebd.

92 Ebd.

93 Vgl. Carsten Keller, »Problemviertel? Imageproduktion und soziale Benachteiligung städtischer Quartiere«, in: *Bundeszentrale für politische Bildung* (2015), {https://www.bpb.de/politik/innenpolitik/gangsterlaeufer/202834/problemviertel-image-und-benachteiligung}, letzter Zugriff am 05.04.2022.

94 {www.zdf.de/nachrichten/politik/coronavirus-berchtesgaden-virologe-martin-stuermer-100.html}, letzter Zugriff am 28.09.2021.

95 {www.welt.de/politik/deutschland/article218262260/Berchtesgadener-Land-Der-Corona-Hotspot-muss-jetzt-Vorbild-sein.html}, letzter Zugriff am 28.09.2021.

96 {www.tagesspiegel.de/politik/corona-hotspot-berchtesgadener-land-warum-niemand-markus-soeders-zeigefinger-braucht/26293802.html}, letzter Zugriff am 28.09.2021.

97 {www.bild.de/bild-plus/regional/hannover/hannover-aktuell/60-bewohner-sind-infiziert-aufruhr-im-corona-block-in-goettingen-71043834,view=conversionToLogin.bild.html}, letzter Zugriff am 29.09.2021.

98 {www.tagesspiegel.de/themen/reportage/die-elenden-von-goettingen-was-der-corona-aus-

bruch-in-der-stadt-ueber-soziale-spaltung-verraet/25905638.html}, letzter Zugriff am 29.09.2021.

99 Sontag, *Illness as Metaphor*, S. 97.

100 Schmincke, *Körpersoziologie*, S. 108.

101 Ebd.

102 Ebd.

103 {https://www.rnd.de/politik/rki-studien-deshalb-erkranken-und-sterben-sozial-benachteiligte-haufiger-an-covid-19-G5ERYZMWRJFADDQLHRQ442F46I.html}, letzter Zugriff am 09.03.2022.

104 Wachtler u. a., »Sozioökonomische Ungleichheit im Infektionsrisiko mit SARS-CoV-2«, S. 20.

105 Schmincke, *Körpersoziologie*, S. 109.

106 Sarah Jaffe, Tithi Bhattacharya, »Social Reproduction and the Pandemic, with Tithi Bhattacharya«, in: *Dissent* (2020), {https://www.dissentmagazine.org/online_articles/social-reproduction-and-the-pandemic-with-tithi-bhattacharya}, letzter Zugriff am 05.04.2022.

107 Ebd.

108 Vgl. Lindemann, *Die Ordnung der Berührung. Staat, Gewalt und Kritik in Zeiten der Coronakrise*, S. 56.

109 Vgl. {www.rnd.de/gesundheit/usa-fast-20000-amazon-mitarbeiter-mit-corona-infiziert-OCRNE3DEX22XZROQKPKREADIFA.html}, letzter Zugriff am 29.11.2021.

110 {www.tagesschau.de/investigativ/amazon-corona-101.html}, letzter Zugriff am 30.09.2021.

111 {www.tagesschau.de/investigativ/ndr-wdr/masken-arbeitsplatz-101.html}, letzter Zugriff am 30.09.2021.

112 {www.tagesschau.de/investigativ/ndr-wdr/masken-arbeitsplatz-101.html}, letzter Zugriff am 30.09.2021.
113 {www.tagesschau.de/investigativ/ndr-wdr/masken-arbeitsplatz-101.html}, letzter Zugriff am 30.09.2021.
114 {www.tagesschau.de/investigativ/amazon-corona-101.html}, letzter Zugriff am 30.09.2021.
115 Peter Birke, »Die Fleischindustrie in der Coronakrise: Eine Studie zu Migration, Arbeit und multipler Prekarität«, in: *Sozial.Geschichte Online* (2021), S. 41–48, hier S. 42–44.
116 Ebd., S. 47.
117 Ebd., S. 58.
118 {bnn.de/pforzheim/coronavirus-bei-mueller-fleisch-infizierte-ziehen-ins-pforzheimer-hohenwart-forum-ein}, letzter Zugriff am 30.09.2021.
119 Birke, »Die Fleischindustrie in der Coronakrise«, S. 49–51.
120 Die nachfolgenden Beschreibungen von Arbeiter:innen aus der Fleischindustrie entnehme ich der aufschlussreichen und ausführlichen Studie von Peter Birke, »Die Fleischindustrie in der Coronakrise. Eine Studie zu Migration, Arbeit und multipler Prekarität«, in: *Sozial.Geschichte Online* (2021), S. 41–48.
121 Ebd., S. 44.
122 Ebd.
123 Ebd.
124 Ebd., S. 64.
125 {www.welt.de/politik/deutschland/article209780723/Corona-bei-Toennies-Laschet-spricht-

von-eingereisten-Rumaenen-und-Bulgaren.html}, letzter Zugriff am 30.09.2021.

126 {www.transnational-strike.info/2020/06/22/racism-in-the-flesh-german-meat-industry-and-eastern-european-migrant-labor/}, letzter Zugriff am 30.09.2021.

127 {www.transnational-strike.info/2020/06/22/racism-in-the-flesh-german-meat-industry-and-eastern-european-migrant-labor/}, letzter Zugriff am 30.09.2021.

128 {www.transnational-strike.info/2020/06/22/racism-in-the-flesh-german-meat-industry-and-eastern-european-migrant-labor/}

129 Birke, »Die Fleischindustrie in der Coronakrise«, S. 68–71.

130 Ebd., S. 76.

131 Ebd.

132 Ebd.

133 Ebd., S. 77.

134 Vgl. Stephan Lessenich, *Neben uns die Sintflut. Die Externalisierungsgesellschaft und ihr Preis*, Berlin 2016.

135 Chitra Joshi, »Fear, Flight, and the Labor Question: Looking at Two Pandemics«, in: Andreas Eckert, Felicitas Hentschke (Hg.), *Corona and Work around the Globe*, Berlin 2021, S. 28–37, hier S. 28.

136 Supurna Banerjee, »Skill, Informality, and Work in Pandemic Times: Insights from India«, in: Eckert, Hentschke (Hg.), *Corona and Work around the Globe*, S. 3–10, hier S. 5.

137 {www.amerika21.de/2021/12/255802/arbeitslosigkeit-lateinamerika-corona}, letzter Zugriff am 02.10.2021.

138 Karl Marx, *Das Kapital I*, Marx-Engels-Werke, Bd. 23, Berlin 1962, S. 458.

139 Ebd.

140 Maria Mies, »Introduction«, in: dies. (Hg.), *Women, The Last Colony*, London 1988, S. 1–11, hier S. 6.

141 Rosa Luxemburg, *Die Akkumulation des Kapitals*, Berlin 2013.

142 David Harvey, *The New Imperialism*, Oxford 2005, S. 144.

143 Judith Butler, *Rücksichtslose Kritik. Körper, Rede, Aufstand*, Konstanz 2019, S. 61.

144 Ebd.

145 Harvey, *The New Imperialism*, S. 141.

146 Die Geschichte von Tamanna erzählt Supurna Banerjee in einem Artikel über die Arbeitssituation während des ersten Lockdowns in Indien im Frühjahr 2020, für den sie mit verschiedenen Personen, die im informellen Sektor tätig sind, gesprochen hat. Banerjee, »Skill, Informality, and Work in Pandemic Times: Insights from India«, in: Eckert, Hentschke (Hg.), *Corona and Work around the Globe*.

147 Ebd., S. 3., Übersetzung von J. G.

148 Larissa Rosa Corrêa, Paulo Fontes, »Maids in Brazil: Domestic and Platform Workers During the COVID-19«, in: Eckert, Hentschke (Hg.), *Corona and Work around the Globe*, S. 37–43, hier S. 37.

149 Ebd., S. 38.

150 Vgl. ebd.

151 Ebd., S. 39.

152 Ebd.

153 Ebd.

154 Ebd.

155 Arlie Hochschild, »The Nanny Chain«, in: David Grusky, Szonja Szelényi (Hg.), *The Inequality Reader. Contemporary and Foundational Readings in Race, Class, and Gender*, New York 2011, S. 423–426, hier S. 423.

156 Jutta Allmendinger, *Der lange Weg aus der Krise, Corona und die gesellschaftlichen Folgen: Schlaglichter aus der WZB-Forschung*, Berlin 2020, S. 1.

157 Oliver Nachtwey u. a., »Politische Soziologie der Corona-Proteste«, Grundauswertung, Basel 2020, S. 52.

158 Vgl. Benjamin Opratko u. a., »Cultures of rejection in the Covid-19 crisis«, in: *Ethnic and Racial Studies* 44/5 (2021), S. 893–905.

159 Lindemann, *Die Ordnung der Berührung. Staat, Gewalt und Kritik in Zeiten der Coronakrise*, S. 29.

160 Nachtwey u. a., »Politische Soziologie der Corona-Proteste«, S. 1.

161 Vgl. ebd., S. 54.

162 Wendy Brown, »Authoritarian Freedom in Twenty-First Century ›Democracies‹«, in: dies. u. a. (Hg.), *Authoritarianism: three Inquiries in Critical Theory*, Chicago 2018, S. 7–45, hier S. 17.

163 Vgl. Harvey, *A Brief History of Neoliberalism*, S. 74.

164 Vgl. Fischer, »The Influence of Neoliberals in Chile before, during, and after Pinochet«, S. 327–330.

165 Katharina Hoppe, »Die Freiheit zur Verleugnung – oder: Keine Helden braucht das Land«, in: *Texte zur Kunst* (2021), {https://www.textezurkunst.de/articles/katharina-hoppe-die-freiheit-zur-verleugnung-oder-keine-helden-braucht-das-land/}, letzter Zugriff am 05.04.2022.

166 Ebd.

167 {www.tagesschau.de/inland/coronavirus-schlachtbetriebe-toennies-101.html}, letzter Zugriff am 04.10.2021.

168 {www.merkur.de/politik/coronavirus-usa-hotspots-todesfaelle-maskenpflicht-krankenhaeuser-virologen-90069286.html}, letzter Zugriff am 02.10.2021.

169 {www.zeit.de/politik/ausland/2020-10/donald-trump-corona-infektion-us-wahlkampf-tv-duell}, letzter Zugriff am 12.10.2020. Vgl. {https://taz.de/US-Praesident-Trump-ueber-seine-Infektion/!5718999&/}, letzter Zugriff am 03.10.2021.

170 Sara Bracke, »Bouncing Back Vulnerability and Resistance in Times of Resilience«, in: Judith Butler u. a. (Hg.), *Vulnerability in Resistance*, Durham 2016, S. 52–76, hier S. 54.

171 Vgl. ebd., S. 54–58.

172 Ebd., S. 58–60.

173 Donatella Di Cesare, *Souveränes Virus? Die Atemnot des Kapitalismus*, Konstanz 2020.

174 Yener Bayramoğlu, María do Mar Castro Varela, *Post/pandemisches Leben. Eine neue Theorie der Fragilität*, Bielefeld 2021, S. 67.

175 Immerhin setzt das Unternehmen Moderna in 92 Ländern den Patentschutz aus. Vgl. {https://www.sueddeutsche.de/gesundheit/gesundheit-moderna-verzichtet-dauerhaft-auf-patent-schutz-in-92-laendern-dpa.urn-newsml-dpa-com-20090101-220308-99-432032}, letzter Zugriff am 09.03.2022.

176 {www.lancetcountdown.org/2021-report/}, letzter Zugriff am 06.12.2021.

177 {taz.de/Kolonialismus-und-Klimakrise/!5638661/}, letzter Zugriff am 02.10.2021.
178 {taz.de/Kolonialismus-und-Klimakrise/!5638661/}, letzter Zugriff am 02.10.2021.
179 Mies, »Introduction«, in: dies. (Hg.), *Women, The Last Colony*, S. 6.
180 {www.oxfam.de/ueber-uns/aktuelles/klimawandel-ungleichheit-reichste-1-prozent-schaedigt-klima-doppelt-so-stark}, letzter Zugriff am 02.09.2021.
181 Ernesto Hernández, »Climate change and philosophy in Latin America«, in: *Journal of Global Ethics* 7 (2011), S. 161–172, hier S. 168.
182 Vgl. {insideclimatenews.org/news/24082021/berta-caceres-murder-environmental-activists/}; {https://taz.de/Kolonialismus-und-Klimakrise/!5638661/}, letzter Zugriff am 03.10.2021.
183 {www.tagesanzeiger.ch/wir-sollten-unser-verstaendnis-von-freiheit-ueberdenken-912508354659}, letzter Zugriff am 17.11.2021.
184 {www.tagesanzeiger.ch/wir-sollten-unser-verstaendnis-von-freiheit-ueberdenken-912508354659}, letzter Zugriff am 17.11.2021.
185 Silvia Federici, *Beyond the Periphery of the Skin Rethinking, Remaking, and Reclaiming the Body in Contemporary Capitalism*, Oakland 2020, S. 124.

4. Solidarische Körper

1 Sebastian Friedrich, Nina Scholz, »Klassenkämpfe während Corona – und Perspektiven für die Zeit danach«, in: *Luxemburg Online* (2021),

{https://www.zeitschrift-luxemburg.de/klassenkaempfe-waehrend-corona/}, letzter Zugriff am 05.04.2022.

2 Ebd.

3 Verónica Gago, *Für eine feministische Internationale. Wie wir alles verändern*, Münster 2021, S. 19.

4 {www.ohchr.org/EN/UDHR/Pages/Language.aspx?LangID=ger}, letzter Zugriff am 06.03.2022.

5 Christoph Menke, Arnd Pollmann, *Philosophie der Menschenrechte zur Einführung*, Hamburg 2007, S. 125.

6 Serene Khader, *Decolonizing Universalism. A Transnational Feminist Ethic*, Oxford 2009, S. 24–27.

7 Franziska Martinsen, *Grenzen der Menschenrechte. Staatsbürgerschaft, Zugehörigkeit, Partizipation*, Bielefeld 2019, S. 22.

8 Hannah Arendt, *Zur Zeit. Politische Essays*, Hamburg 1986, S. 18.

9 Ebd., S. 17.

10 Cinzia Arruzza u. a., *Feminismus für die 99%. Ein Manifest*, Berlin 2019, S. 61.

11 Ebd., S. 46.

12 Ebd., S. 25.

13 Janne Mende, *Der Universalismus der Menschenrechte*, München 2021, S. 56.

14 Ebd., S. 56.

15 Menke, Pollmann, *Philosophie der Menschenrechte zur Einführung*, S. 128.

16 Mende, *Der Universalismus der Menschenrechte*, S. 179.

17 Gago, *Für eine feministische Internationale*, S. 34.

18 Ebd., S. 35.

19 Ebd.

20 Rita Segato, *Wider die Grausamkeit. Für einen feministischen und dekolonialen Weg*, Berlin S. 62.
21 Ebd.
22 Der Begriff *travesti* bildet eine Selbstbezeichnung, die von Menschen in Argentinien, die trans sind, verwendet wird. Er lässt sich daher nicht leichthin mit Travestie übersetzen, weshalb er hier stehen gelassen wird.
23 Gago, *Für eine feministische Internationale*, S. 24; 53.
24 Ebd., S. 39.
25 Ebd., S. 54.
26 Ebd., S. 44–46.
27 Ebd., S. 36.
28 Ebd., S. 21.
29 Ebd., S. 11.
30 Ebd., S. 20.
31 Vgl. Judith Butler u. a. (Hg.), *Vulnerability in Resistance*, Durham 2016.
32 Jens Kastner, Lea Susemichel, »›Vielleicht war es früher einfacher, bedingungslos solidarisch zu sein.‹ Schreiben über Solidarität«, in: dies. (Hg.), *Unbedingte Solidarität*, Münster 2021, S. 271–291, hier S. 284.
33 Gago, *Für eine feministische Internationale*, S. 63.
34 Imke Schmincke, »Body Politic – Biopolitik – Körperpolitik. Eine begriffsgeschichtliche Rekonstruktion der Body Politics«, in: *Body Politics* 11/7 (2019), S. 15–40, hier S. 26.
35 Ebd., S. 29.
36 Ebd.
37 Gago, *Für eine feministische Internationale*, S. 63.
38 Baruch de Spinoza, *Ethik in geometrischer Ord-*

nung dargestellt, Stuttgart 2007, II, Lehrsatz 2, Anmerkung.

39 Vgl. Gilles Deleuze, *Spinoza – Praktische Philosophie*, Berlin 1988, S. 27–30.

40 Eva von Redecker, *Revolution für das Leben: Philosophie der neuen Protestformen*, Frankfurt/M. 2020, S. 34.

41 Vgl. Gago, *Für eine feministische Internationale*, S. 64–68.

42 Ebd., S. 66.

43 Ebd., S. 69.

44 Ebd., S. 30.

45 Ebd., S. 22.

46 Bini Adamczak, *Beziehungsweise Revolution – 1917, 1968 und kommende*, Berlin 2017, S. 241.

47 Ebd.

48 Karl Marx, *Das Kapital I*, Marx-Engels-Werke, Bd. 23, Berlin 1962, S. 566.

49 Adamczak, *Beziehungsweise Revolution*, S. 230.

50 Ebd.

51 Ebd.

52 Ebd., S. 249.

53 Ebd., S. 258.

54 Gago, *Für eine feministische Internationale*, S. 183.

55 Ebd., S. 185.

56 Ebd., S. 205.

57 Adamczak, *Beziehungsweise Revolution*, S. 263.

58 Gago, *Für eine feministische Internationale*, S. 205.

59 Ebd., S. 189–191.

60 Vgl. Stephan Lessenich, »Doppelmoral hält besser. Die Politik mit der Solidarität in der Externalisierungsgesellschaft«, in: *Berliner Journal für Soziologie* 30 (2020), S. 113–30, hier S. 127–129.

61 Gago, *Für eine feministische Internationale*, S. 192.
62 Ebd., S. 191.
63 Ebd., S. 190.
64 Jens Kastner, Lea Susemichel, »Unbedingte Solidarität«, in: dies. (Hg.), *Unbedingte Solidarität*, S. 13–49, hier S. 46.
65 Ebd.
66 Sabine Hark u. a., »Das umkämpfte Allgemeine und das neue Gemeinsame. Solidarität ohne Identität«, in: *Feministische Studien* 33/1 (2015), S. 99–103.
67 Adamczak, *Beziehungsweise Revolution*, S. 258.
68 Vgl. Kastner, Susemichel, »Unbedingte Solidarität«, S. 14.
69 Vgl. ebd., S. 25.
70 Rahel Jaeggi, »Solidarität und Gleichgültigkeit«, in: Kastner, Susemichel (Hg.), *Unbedingte Solidarität*, S. 49–67.
71 Lessenich, »Doppelmoral hält besser«, S. 127–129.
72 Vgl. Hauke Brunkhorst, *Solidarität. Von der Bürgerfreundschaft zur globalen Rechtsgenossenschaft*, Frankfurt 2002, S. 10.
73 Silvia Federici, *Re-enchanting the World. Feminism and the Politics of the Commons*, Oakland 2019, S. 140–143.
74 Athena Athanasiou, Judith Butler, *Die Macht der Enteigneten: Das Performative im Politischen*, Zürich 2014, S. 220.
75 Lucí Cavallero, Verónica Gago, *A Feminist Reading of Debt*, London 2021, S. 56–59.
76 Athanasiou, Butler, *Die Macht der Enteigneten*, S. 241.

77 Ebd., S. 243.

78 Elena Chatzimichali, »›Lasst uns die Solidarität ansteckend machen‹. Die griechische Solidaritätsbewegung im Gesundheitswesen«, in: *WSI-Mitteilungen* (2020), S. 378–381, hier S. 378.

79 Ebd.

80 Ebd.

81 Ebd., S. 380.

82 Ebd.

83 Ebd.

84 Ebd.

85 {www.geko-Imberlin.de/ueber-uns/vision/}, letzter Zugriff am 08.12.2021.

86 Ebd.

87 Ebd.

88 {www.euro.who.int/__data/assets/pdf_file/0017/132218/e93944G.pdf}, letzter Zugriff am 09.12.2021.

89 Ebd.

90 Ebd.

91 {www.medico.de/wir/hilfsorganisation-medico-international}, letzter Zugriff am 08.12.2021.

92 {www.medico.de/wir/hilfsorganisation-medico-international}, letzter Zugriff am 08.12.2021.

93 Ebd.

94 Ebd.

95 Vgl. Martinsen, *Grenzen der Menschenrechte*, S. 55.

96 Robin Celikates, »Die Macht der Kritik. Epistemische Asymmetrien, alternative Standpunkte und migrantische Praktiken«, in: *WestEnd. Neue Zeitschrift für Sozialforschung* 2 (2020), S. 81–96, hier S. 87–89.

97 Ebd., S. 90.

98 {dailyresistance.oplatz.net/}, letzter Zugriff am 10.12.2021.

99 {movements-journal.org/issues/02.kaempfe/08.langa--refugee-movement-kreuzberg-berlin.html}, letzter Zugriff am 10.12.2021.

100 Judith Butler, »Bodies That Still Matter«, in: Annemie Halsema u. a. (Hg.), *Bodies That Still Matter: Resonances of the Work of Judith Butler*, Amsterdam 2021, S. 177–194, hier S. 183.

101 Vgl. Oscar Quine: »Calais Jungle refugees sew mouths shut in protest at camp clearance«, {www.independent.co.uk/news/world/europe/calais-jungle-refugees-sew-mouths-shut-in-protest-at-camp-clearance-a6912806.html}, letzter Zugriff am 08.12.2021.

102 Judith Butler, »Bodies That Still Matter«, S. 183.

103 {sea-watch.org/}, letzter Zugriff am 11.12.2021.

104 Jens Kastner u. a., »Defend Solidarity«, in: Kastner, Susemichel (Hg.), *Unbedingte Solidarität*, S. 291–301, hier S. 298.

105 Vanessa Thompson, »Die Verunmöglichung von Atmen«, in: *Heinrich Böll Stiftung* (2020), {https://heimatkunde.boell.de/de/2020/09/02/die-verunmoeglichung-von-atmen}, letzter Zugriff 05.04.2022.

106 Ebd.

107 {www.aerzteblatt.de/nachrichten/111859/Afroamerikaner-sind-in-der-Coronakrise-besonders-betroffen}, letzter Zugriff am 11.12.2021.

108 {https://www.blacklivesmatterberlin.de/we-protect-each-other-more-safety-at-protests-during-a-pandemic/}; {https://www.cnet.com/health/

how-to-protect-yourself-from-coronavirus-at-black-lives-matter-protests/}, letzter Zugriff am 04.03.2022.

109 Darius Bost u. a., »Introduction«, in: *The Black Scholar* 49/2 (2019), S. 1–10, hier S. 1.

110 Kastner, Susemichel, »Unbedingte Solidarität«, S. 33.

111 Redecker, *Revolution für das Leben*, S. 1.

112 Vgl. {enorm-magazin.de/umwelt/vanessa-nakate}, letzter Zugriff am 05.12.2021.

113 {https://www.zeit.de/zett/politik/2020-01/rassismus-klimaaktivistin-vanessa-nakate-wurde-aus-foto-in-davos-herausgeschnitten}, letzter Zugriff am 04.03.2022.

114 Vgl. Khader, *Decolonizing Universalism*, S. 2.

115 Gago, *Für eine feministische Internationale*, S. 104–106.

116 Juan Álvaro Echeverri, »Territory as Body and Territory as Nature: Intercultural Dialogue?«, in: Alexandre Surrallés, Pedro García Hierro (Hg.), *THE LAND WITHIN: Indigenous Territory and the Perception of Environment*, Kopenhagen 2005, S. 230–248, hier S. 231.

117 Katharina Pistor, *Der Code des Kapitals. Wie das Recht Reichtum und Ungleichheit schafft*, Berlin 2021, S. 58–78.

118 Echeverri, »Territory as Body and Territory as Nature«, S. 292.

119 Ebd., S. 239.

120 Ebd., S. 294.

121 Gago, *Für eine feministische Internationale*, S. 107.

122 Ebd., S. 105.

123 Ebd.

124 Ebd.
125 Ebd., S. 107.
126 Ebd.
127 Ebd., S. 108.

Dank

Dieses Buch ist inmitten der unruhigen Stille entstanden, die den frühen pandemischen Zeiten so eigen war. Obwohl ich es aus dem Augenblick heraus geschrieben habe, begleiten mich seine Gedankengänge seit Langem. Deshalb gilt mein Dank zuallererst meiner Familie, Trude, Ariane, Barbara, Julia, Sadya und Katharina. Meine eine Mutter zählt zu den Menschen, die gar nicht anders können, als aufzustehen, wenn sie Unrecht sehen, sie hat mich dazu gebracht, Fragen der Gleichheit und Solidarität zu verfolgen. Meine andere Mutter hat mir mitgegeben, Menschen als affektive, körperliche Wesen zu begreifen, die der Sorge und Fürsprache bedürfen. Und von meiner Schwester habe ich mehr über Verbundenheit und Verwundbarkeit gelernt, als ich es je in Worte fassen könnte.

Morten Paul möchte ich besonders danken, für seine aufmerksame Lektüre, seine Rückfragen und Vorschläge, die das Manuskript auf seinen Weg hin zu einem Buch gebracht haben. Ebenso gilt mein Dank Eliah Arcuri, für die Lektüre, aber auch für die geteilten Gespräche und Gedanken im Lockdown. Bei Andreas Gehrlach bedanke ich mich für die Anmerkungen zum Doppelkörper des Amtsträgers und das gemeinsame Nachdenken über Körper und Macht.

Nicht zuletzt möchte ich mich bei denen bedanken, die mich mit kritischen Rückfragen und hilfreichen Hinweisen unterstützt haben, nach den Spuren eines Universalismus von unten zu suchen. All denen, mit denen ich mich auf die eine oder andere Weise über Körper und Solidarität, Politik und Pandemie austauschen konnte, und deren Gedanken den Schreibprozess begleitet und bewegt haben: Marie Springborn, Nina Rabuza, Bini Adamczak, Benita Piechaczek, Mele Degel, Martin Huth, Hilge Landweer, Regina Kreide, Sarah Speck, Elisa Barth, Cornelia Klinger, Paula Diehl, Brigitte Bargetz, Philipp Sarasin, Svenja Goltermann, Susanne Kaiser, Çiğdem Inan, Verónica Gago, Marie Cuillerai, Sidonia Blättler, Martin Nonhoff, Robin Celikates, Sabine Hark, Anna Nosthoff, Imke Schmincke, Eva von Redecker, Elisabeth Botros und viele andere.

Erste Auflage Berlin 2022
Copyright © 2022
MSB Matthes & Seitz Berlin
Verlagsgesellschaft mbH
Göhrener Str. 7 | 10437 Berlin
info@matthes-seitz-berlin.de
Alle Rechte vorbehalten
Satz: Monika Grucza-Nápoles, Berlin
Druck und Bindung: Art-Druk, Szczecin
Umschlaggestaltung nach einer Idee
von Pierre Faucheux
ISBN 978-3-7518-0545-2
www.matthes-seitz-berlin.de